legacoop

alleanza delle
Cooperative
italiane

CONFCOOPERATIVE
CONFEDERAZIONE COOPERATIVE ITALIANE

イタリアの協同組合

アルベルト・イアーネス 著／佐藤紘毅 訳

緑風出版

LE COOPERATIVE
by Alberto Ianes

目次

凡例

一　本訳書の原書底本については、「訳者あとがき」に記されている。
一　原書の原注は各章の末尾に掲げられている。訳注も各章末尾に掲げられる。
一　原書の参考文献・論文は巻末に一括して掲げられている。
一　原書文中のイタリック体部分は、原則として括弧（〝〟または「」）に入れた。
一　訳文中の［］内は、訳者が補った部分である。

序文

先般、欧州中央銀行総裁・ドラーギ氏(訳注1)が述べたように、世界の主要国の経済状況は激動し混乱している。ほとんどすべての国の公的財政を圧迫したあの二〇〇八年の金融危機の後、実体的な危機すなわち国内総生産（GDP）の低落、失業の増大が現われた。金融危機のはじまりから三年が経過しても、有力な解決策は見出されていない。多くの案が提出されているが、どれも決定的なものとは思えない。金融システムが根本的に改編さるべし、と多くの論者が主張しているが、目下のところ、どの提案も机上のプランにとどまっている。金融・通貨政策の古典的手立てが広範に用いられたが、流れを変えることはできなかった。通貨供給の増大は投資を呼び戻さなかったし、多くの企業の流動性を引き起こすこともなかった。あの危機の直後に採られた金融政策上の介入策は、停滞が不況に転化するのをとどめたが、消費や投資を実効的に盛り上げることはできなかった。停滞は所得配分における格差を大きくすることになった。

これまで採られてきた政策が不充分なためにそうした失敗が起こったのだ、と考える人びとが増えており、公的な介入の強化策――規制の強化、公的支出の増大、実効的な再配分策――が提案されている。しかし各国の政府が弱体化し公的債務が膨張していることから、すべてが困難になっている。

今あきらかになりつつあるのは、古典的なマクロ経済政策を反省するにとどまっていてはならないということ、そして危機の解決策は新たな主体がつくりだす異なる枠組から発するのだということ、とりわけ企業形態の複数制から発するのだという点に関心をむけること、こうしたことである。そして企業というものはどれも大差はなく、最大限に利潤をあげる企業こそが最も理想的な企業だ、という考えそのものを問題にしていく必要がある。それとは逆に、利潤目的の所有構造とは異なる所有構造を備える企業——協同組合のような企業——が経済危機の影響に対抗する機能を果たしたこと、所得の公正な再配分および経済の復調に大きな役割を果たしたこと、こうしたことがもっと認知される必要がある。

これまで、協同組合や非営利組織は著しく過小評価されてきた。協同組合や非営利組織はほとんどすべての国で重要な経済主体となっている。たとえばイタリアでは、七万余の協同組合が稼働してGDPの七%以上を担っており、約一一〇万人の雇用を生みだしている。農業や社会サービスの分野では、協同組合企業がもっとも根をはった企業形態である。あの危機の最中、大部分の協同組合は雇用水準を維持したのみならず、いくつかの分野の協同組合——たとえば資金不足にもかかわらず協同組合への融資を続けた協同組合信用銀行——は、時流に抗する働きをした。

企業および企業システムの歴史研究者であるアルベルト・イァーネス氏が著した本書は、そうした企業の特色、そうした企業が人びとの欲求に応える能力などについて省察をうながす——広範な研究者、協同組合人、市民、関心をもつ人びとに省察をうながす——試みである。イァーネス氏はさまざまな論題を余すところなく読みやすくまとめることに成功した。本書の基本的考え方は、協同組合企業の形成と発展の根拠はこの企業形式が市場競争のなかで有する実効的優位性に求められねばならない、という立場であり、これは時流に抗する、しかし共鳴しうる考え方である。そして本書は、協同組合企業——さらに一般的には非営利企業――を理解するためのすばらしい入門書となっている。

カルロ・ボルザーガ
（トレント大学経済政策担当正教授、ＥＵＲＩＣＳＥ理事長[訳注2]）

【訳注】

（訳注1）ドラーギ（Mario Draghi, 一九四七～　）は、欧州中央銀行総裁（二〇一一～　）。ローマ大学卒業後、マサチューセッツ工科大学（ＭＩＴ）にて博士号取得。イタリア銀行総裁（二〇〇六～二〇一一）を務めた後、現職。

（訳注2）「協同組合・社会的企業欧州調査研究所」（EURICSE/ European Research Institute on cooperative and social enterprises/ Istituto Europeo di Ricerca sull'Impresa Cooperativa e Sociale）は、ボルザーガ教授が所長を務めており、トレント大学内に一九九四年に設置された「非営利事業所振興研究所」（ＩＳＳＡＮ／Istituto Sviluppo Studi Aziende Non Profit）の発展的解消後に、二〇〇八年にトレント大学、トレント県協同組合連合会、等の発意により研究財団として設立された。

イタリア地図

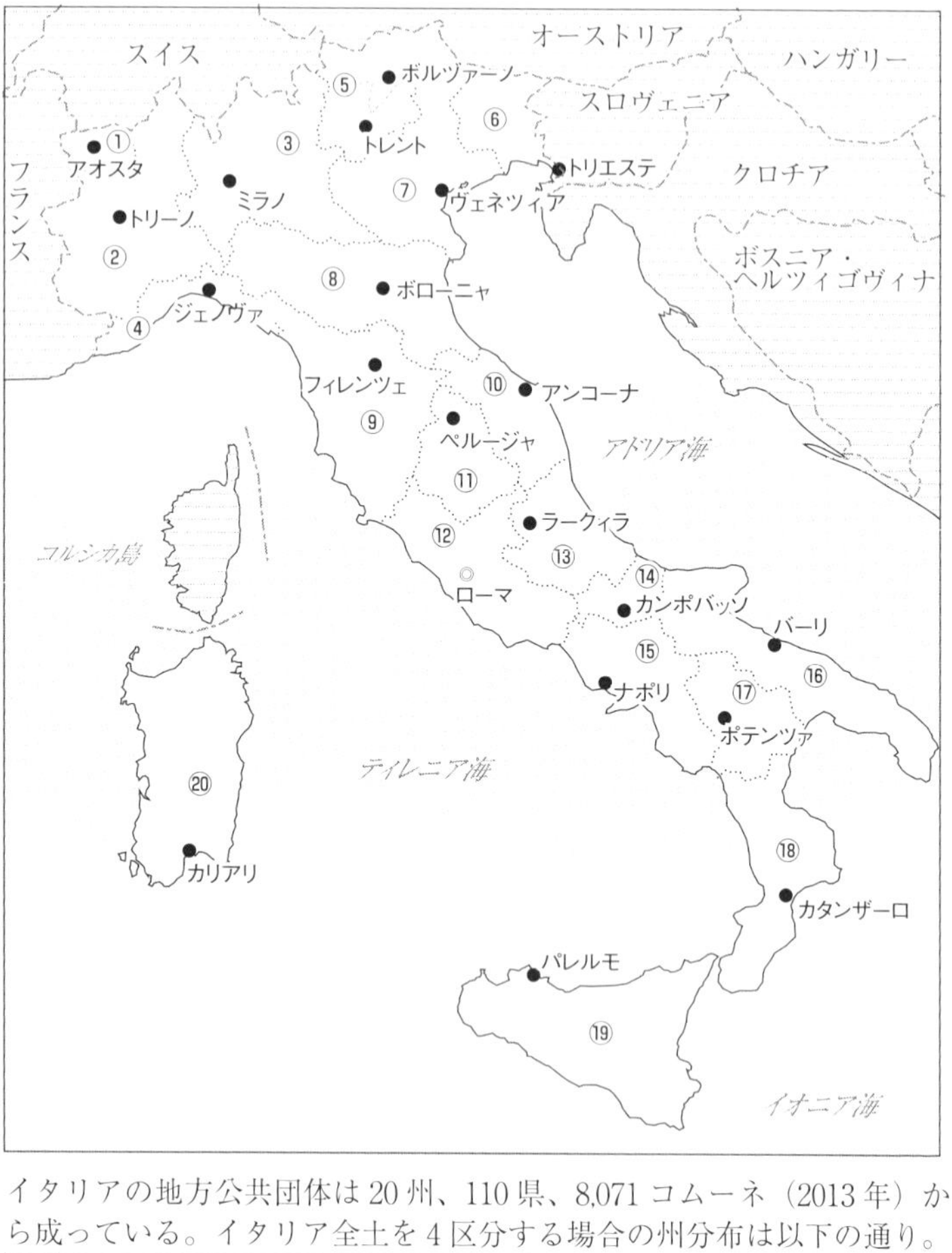

イタリアの地方公共団体は20州、110県、8,071コムーネ（2013年）から成っている。イタリア全土を4区分する場合の州分布は以下の通り。

北部	北西部	①ヴァル・ダオスタ、②ピエモンテ、③ロンバルディア、④リグーリア
北部	北東部	⑤トレンティーノ・アルト・アーディジェ、⑥フリウーリ・ヴェネツィア・ジューリア、⑦ヴェネト、⑧エミリア・ロマーニャ
中部		⑨トスカーナ、⑩マルケ、⑪ウンブリア、⑫ラーツィオ
南部・島嶼部		⑬アブルッツォ、⑭モリーゼ、⑮カンパーニャ、⑯プーリア、⑰バジリカータ、⑱カラーブリア、⑲シチリア、⑳サルデーニャ

はじめに

私が本書を著すにいたったのには幾つかの理由がある。第一の理由は、「定められた」約束——すなわち二〇一二年が国連の「協同組合国際年」と宣言された——ということである。この協同組合という事業体モデルが「そのさまざまな形態において、女性、若者、高齢者、障害者および先住民族を含むあらゆる人びとの経済社会開発への最大限の参加を促し、経済社会開発の主たる要素」（国連総会決議A/RES/64/136）（訳注1）として国連に認められたのである。

［教皇］ベネディクト十六世も協同主義事業について人びとの注意をたびたび喚起しており、二〇〇九年の回勅「真理に根ざした愛」（訳注2）のなかで、共通善（訳注3）を追求しうるもの、いっそう適正な経済と社会を促進しうるもの、そして国家——市場という二項式を止揚しうるもの、として協同主義事業を位置づけている。

そして二〇一一年十一月には、協同組合の経験に新たな息吹をあたえ独特なかたちで革新をもたらした、「社会協同組合」にかかる法律第三八一号（社会協同組合法（訳注4））の可決から二十周年をむかえるにいたった。

そして最後に、かの国際協同組合年という定められた約束あるいは祝福すべき記念年という動機よりもつよい動機がある。それは、二〇〇八年およびこんにちの大恐慌により、一つのモデルが再発見されたということである。それを見事に説明しているのはイタリアの日刊紙『コッリエーレ・デッラ・セーラ（訳注5）』

の経済担当記者ダーリオ・ディ・ヴィーコの著作『小さきもの　憤る人びと』“Piccoli, La Pancia del Paese”である。「小規模の信用協同組合銀行の経営者たちは、景気後退が蔓延し他の（まさに大銀行の）経営者たちが貸し渋りをはじめた時に、流れに抗して景気促進をはかる働きをしたという点で称賛されるべきである」[原注1]。ここに語られているのは、まさに協同組合企業は流れに抗した、という事実である。この中心論点は、協同組合企業が、資本結合企業とは異なるかたちで、通常の倹約方法とは異なるかたちで、ホモエコノミクスの個人主義に立脚した凋落傾向の経済理論とは異なるかたちで、スポットライトを浴びて独特の存在として再登場し、見直されてきている、ということである。協同組合企業は、自らの矛盾もかかえ引きずっている。しかし、リーマン・ブラザーズ証券の破綻以降、大不況により人びとの支柱の多くが瓦解したが、協同組合企業はそのなかで生き残った数少ない支柱のひとつである。

　協同組合企業は営利目的の一般企業に比べて余分な現象とされ、これを解体すべしとする動きもあるが、ここでわれわれが語っていることを理解し、そしてその存在と潜在力を計測するためには、詳細な分析を試みるのが有益であろう。協同組合企業は世界的規模においては「国際協同組合同盟」（ICA）[訳注6]によって代表されており、このICAは世界九一カ国で八億人余を巻き込み、あらゆる経済分野で稼働する二四二組織を結集している。

　イタリアにおいては、五つの協同組合ナショナルセンターが法的に認知されている[訳注7]。それは、「協同組合・共済組合全国連盟」（Legacoop）、「イタリア協同組合総連合」（Confcooperative）、「イタリア協同組合総協議会」（AGCI）、「イタリア協同組合全国連合」（Unci）、「協同組合イタリア連合」（Unicoop）であり、そのなかで最も強大なのは前二者である[訳注8]。レーガコープ（Legacoop）は、一万五〇〇〇単協、約八〇〇万人の組合員、四三万人の従業員を擁しており、コンフコーペラティーヴェ（Confcooperative）は、一万九〇〇〇単協、約三〇〇万人の組合員、四五万人余の従業員を結集している。

イタリア協同組合陣営総体は、現に稼働している四万三〇〇〇余の協同組合企業から構成されていると見られている。それは国内総生産（GDP）の七％を占めており、事業高は一二七〇億ユーロ（€）（訳注9）にのぼり、一二〇〇万人の組合員を結集し、一一〇万人に仕事をあたえている。いくつかの地域、たとえばトレント県（訳注10）では、協同組合企業が、地域全体の付加価値の八・三％、雇用の一〇・六％をなしている。また協同組合陣営は、いくつかの分野、たとえば農産物加工業あるいは流通業の分野において、「コープ・イタリア」（Coop Italia）という商標（訳注11）をもってリーダーの地位を占めている。

こうした数字は表面的なものであるが、隙間産業として片づけられないひとつの現実の大きさを示している。たとえば、協同組合の平均規模がイタリアの一般企業の平均規模よりも大きいと確認されていることは驚きである。すなわち協同組合の一組合当たり平均規模は一般の中小企業のそれよりも大きいのである。

これは大局的な外観であるが、よく見ると、協同組合世界には非等質的な、複雑かつ矛盾に満ちた集合体が潜んでいる。協同組合世界は、小・中・大規模企業の集合であり、連合体に参加している協同組合企業もあれば不参加の協同組合企業もある。農業分野あるいは福祉分野で事業展開する協同組合企業もあり、必ずしもというわけではないが、多くはネットワークや連合体やグループとして結びついている。そうした結びつきのなかで協同組合世界には協同組合と資本的結合会社（上場企業さえ存在する）が同居しているのである。

こうした多彩な地平には危険で不穏な事柄もなしとしない。ジョヴァンニ・コンソルテ会長の「ウニポール」による「労働国民銀行」（ＢＮＬ）株買い占め作戦の失敗[訳注12]は氷山の突出部であり、傷跡を残した。その傷はゆっくりと今ようやく収まりつつある。

リーマン・ショックにはじまるあの危機は、協同組合企業というモデルを強化したとはいえないにしても、打ち崩したともいえない。つまり協同組合はあの危機のなかで他の企業に比べてこうむった被害は少なく、緊縮策をとり、収益力を若干減じながらも「所得補償金庫」[訳注13]を部分的に利用しつつ雇用を確保した。

協同組合に反省を促しているのは、あちこちで発生したいくつかの〝腫瘍〟である。そのひとつにトレント県における「ラヴィス醸造協同組合」[訳注14]がある。この組合は、数年間で数百万ユーロという莫大な負債を抱えこみ、このために指導者たちは権威を失墜し、組合は管財人の手にゆだねられた。この事態について地元メディアの一部は、まさに協同組合というモデルあるいは協同組合という企業形態の危機の深刻な兆候とみなし、根本的に改善されるべきもの、とした。その通りであろうか。

本書執筆中においても、ミラノ県における有力な建設協同組合連合会の副理事長がいくつかの新聞紙上で告発され、業界と政治の不透明かつ不適切な結びつきがとりざたされている[訳注15]。

これらの事実はそのものとして――すなわち個々の事象として――うけとられるべきものだが、等閑視されてはならない。協同組合の経験がどこから来て、そして今どこへ向かっているのか、ここで立ち止まり自問する必要があろう。それは時に実行すべき有益な鍛錬であり、危機の局面では平素のジレンマ――スキャンダルや危機に直面して現われるジレンマ、協同組合に付随するジレンマ――が顕在化するがゆえに必要な鍛錬である。

協同組合が意図する原則や価値、相互扶助的・連帯的目的を、グローバル化した市場の要請とどのように調和させるのか。民主主義的参加、そして効率、経済的・社会的成長をどのように確保するのか。善き経営者たる理事会の自由と、情報を得て自覚的に投票できる状態におかれている組合員の権利義務をどのように結びつけるのか。協同組合の倫理的・価値的指標を尊重しつつ成長するためには、協同組合と経営財政の関係をどのように設定するのか。協同組合システムは、業種連合、地域連合、全国連合に組織されるものであり、種々の規則の尊重を含意し、またそのなかでの少数者の間違いが全体の評価に響くものであるが、このシステムのなかで各協同組合が活動する能力と各協同組合の自律性とをどのように協調させるのか。

このほかいくつもの設問が考えられる。協同組合は諸税を納めるべきか否か、税制上の優遇措置および特権を享受すべきか否か。協同組合は規則に反する競争をしているのか、市場の自由化を促進しているのか。「赤い」協同組合は左翼に寄り添っているのか否か、「白い」協同組合は、すでに消滅したキリスト教民主党(訳注16)の孤児なのか否か。協同組合統一(訳注17)の文書をどのように生かしていくのか。最後に、経済理論はこれまで、協同組合のような「普通でない」企業の運営方法を正当化する考察を提起してきたであろうか。

上記の設問は本書を構想した出発点の諸問題である。本書はなによりもまず、この協同組合というテーマに初めてとりくむ人びと、協同組合とはどのようなものだったのか、今どのようなものか、今後どのようなものになるのだろうか、ということを知りたい人びとを主たる読者とする。本書において私たちは、協同組合の定義および歴史から出発し、協同組合企業の実像を浮かびあがらせ、さらには、過去に鑑みて協同組合とはどのようなものであるべきか、どのような可能性を有しているかを確認し、協同組合と認識されるべきアイデンティティの曖昧化をもたらす無意味な装飾を取り除き、協同組合の真のそして唯一の活力——営利企業、攪乱的資本主義とは異質であること——を明らかにすることによって、協同組合の再評価に努めるであろう。

協同組合の活力は、さまざまな変化を考慮して、歪曲された形ではなく現代に適応した形で把握しなおされ、再認識されねばならない。

本書執筆中、政府は国家財政の適正化をめざすなかで、協同組合にも過重負担を課す決定を下した。すなわち一連の財政・租税措置によって、協同組合の不分割留保金に充当される利潤にたいする課税の一〇%増が見込まれており、これは「相互扶助性優勢協同組合」(訳注18)にとって、利潤に対する免税率が七〇%から六〇%に引き下げられることを意味している(訳注19)。この措置は、協同組合にとって多大な出費を意味する。というのは、協同組合は証券取引所に上場しておらず、株を発行せず、この出費によって失われる資本を回収する手段を有していないからである。他方、それは国庫にとっては些細なものである。なぜなら、政府の試算によれば全国で協同組合が享受する優遇措置は七億一四〇〇万ユーロとされているが、実際には八〇〇〇〜九〇〇〇万ユーロと見られているからである。

要するに、この協同組合に対する優遇措置の削減は、国庫の勘定を安定させるような多くの金額をもたらさないばかりか、上場しえない協同組合企業の富の源泉を損なうのである。経済危機が侵食し、収益の幅はいまや狭まっていることからして、協同組合の経済的資源は、近未来にはますます減少することとなろう。

たしかに国の状況および財政状況は楽観しがたいものである。しかしながら次の点は明確にしておかねばならない。それは、協同組合に対して過度に求められている負担は、他の企業に比べて有利に作用している協同組合への優遇措置を正す方策とはみなしえない、ということである。本書は、この点についてのいくつかの示唆を提供してゆくであろう。

書物というものはつねに著者のなんらかの経験や交流の成果であろうが、私の場合、それは、トレント大学の（訳注20）「非営利事業開発研究所」（訳注21）――これは現在、「トレント県 歴史博物館財団」（訳注22）付属の「協同組合経済史センター」に統合されている――に足を運んだことに発している。本書の草稿の全てにあるいは部分的に眼をとおしてくださった諸氏、近年、私に対して協同組合現象を教え理解させてくださり、刺激と省察を促してくださった諸氏、とりわけ、カルロ・ボルザーガ氏、クラウディオ・バルバコーヴィ氏、パトリーツィア・バッティラーニ氏、ステーファノ・ケメッリ氏、カルロ・デッラセーガ氏、ミケーレ・ドリガッティ氏、シモネッタ・フェドリッツィ氏、マッティーア・グラナータ氏、アンドレーア・レオナルディ氏、ティート・メンザーニ氏、ヴィンチェンツォ・パッセリーニ氏、フランチェスコ・プリエーセ氏、フェリーチェ・スカルヴィーニ氏、ディエーゴ・シェルフィ氏、パオロ・トネッリ氏、ヴィンチェンツォ・ヴィセッティ氏、ヴェーラ・ザマーニ氏、フラヴィアーノ・ザンドナイ氏、トレント青年協同組合人協会の諸君、に謝意を表するものである。

【原注】

（原注1） Di Vico ,2010, pp.21-2.

【訳注】

（訳注1）「国連総会決議 A/RES/64/136」は、"Resolution adopted by the General Assembly/64/136. Cooperatives in social development" 協同組合憲章草案（第一次案）参考資料、二〇一一年、国際協同組合年全国実行委員会（協同組合憲章検討委員会）(http://jccu.coop/info/announce_110808_02.pdf) 参照。

（訳注2）邦訳『教皇ベネディクト十六世　回勅「真理に根ざした愛」』（カトリック中央協議会、二〇一一年）。特に六五～六八頁参照。

ベネディクト十六世はドイツ出身の教皇で、二〇〇五年四月に選出されたが、二〇一三年二月に自ら退位した。

（訳注3）共通善（bene comune）。「共通善」は論者の立場等によりさまざまな意味合いに使用される。主として上部構造的概念として使用されるが、下部構造を含む場合もある。哲学、宗教、政治学等の分野によっても多少の差異が生じる。その概念の起源をどこにもとめるか（アリストテレス、キケロ、トマス・アクィナス、ロック等々）によっても解釈は異なる。英語の"common good"にあたる言葉。

（訳注4）法律第三八一号（一九九一年十一月八日法律第三八一号）はいわゆる「社会協同組合法」である。「社会協同組合」（cooperativa sociale）については、後段の第五章で詳述される。

（訳注5）『コッリエーレ・デッラ・セーラ』（Corriere della Sera）は、ミラノで発行されている日刊紙。一八七六年創刊。

（訳注6）国際協同組合同盟（ICA／International Co-operative Alliance）。一八九五年に設立された国際的協同組合の協力組織。現在九六カ国に二六七加盟団体があり、その総組合員数は一〇億人とされている。ICAの歴史および現状については、http://www.ica.coop/al-ica/ を参照することが望ましい。

（訳注7）協同組合ナショナルセンター。五つのナショナルセンターの略称および正式名称は以下のとおり。「協同組合・共済組合全国連盟」（Legacoop / Lega nazionale delle cooperative e mutue）。「イタリア協同組合総連合」（Confcooperative / Confederazione delle cooperative italiane）。「イタリア協同組合総協議会」（AGCI／Associazione generale cooperative italiane）。「イタリア協同組合全国連合」（Unci/Unione nazionale cooperative italiane）。「協同組合イタリア連合」（Unicoop/Unione italiana cooperative）。

協同組合ナショナルセンターとは、第二次大戦後のイタリア協同組合法制の骨格をなしたいわゆる「バセーヴィ法」（D.lg. C.P.S. 4 dicembre 1947, n.1577）によって規定された「協同組合運動の代表権を有する全国組織」

を指す。協同組合の所管官庁たる「労働・社会保障省」によって指定された全国連合組織（ナショナルセンター）は、労働社会保障省が各協同組合にたいして行使する監査権の主要部分を傘下協同組合にたいして代行できる。またこのナショナルセンターは、労働・社会保障省に設置される「協同組合中央協議会」（Commissione centrale delle cooperative）に参加できる。この「協同組合運動の代表権を有する全国組織」として認知されるためには、「一〇〇〇以上の単協の結合体」が要件となっている。この要件は二〇〇二年の法改正（D.lgs. 2 agosto 2002, n. 220）をもって、「少なくとも五州以上の地域、三業種以上の分野にわたり二〇〇〇単協以上」を組織していること、に引き上げられた（二〇〇四年から適用）。

協同組合の所管庁は、伝統的に「労働・社会福祉省」（Ministero del Lavoro e della Previdenza Sociale）であったが、一九九九年の行政改革法（D.lgs.30 luglio 1999, n. 300）をもって、「生産活動省」（Ministero delle Attività Produttive）に移った。さらに二〇〇六年には「生産活動省」が「経済発展省」（Ministero dello Sviluppo Economico）と改称されたため、現在、協同組合の所管庁は「経済発展省」である。これにはいくつかの例外があり、たとえば、民衆銀行をはじめとする協同組合銀行は、イタリア銀行の監督下に置かれている。

協同組合ナショナルセンターの形成過程は本書第四章で詳述される。

（訳注8） 協同組合二大ナショナルセンター（全国連合体）の呼称、略称について。

カトリック系「イタリア協同組合総連合」（Confederazione cooperativa italiana）は、一九六七年六月の全国大会において名称を変更した。すなわちイタリア語名称の「協同組合」の部分を単数形から複数形に変更し、略称を従来の“CCI”から“Confcooperative”（コンフコーペラティーヴェ）とした。本書では、一九六七年以前でも第二次大戦後は、イタリア語新略称「コンフコーペラティーヴェ」を採用した。

左翼系「協同組合・共済組合全国連盟」（Lega nazionale delle cooperative e mutue）は、かつては略称を“Lncm”としていたが、一九九六年から“Legacoop”（レーガコープ）を使用している。本書では、「協同組合・共済組合全国連盟」の場合も、時期はずれるが一九九六年以前についても第二次大戦後は「レーガコープ」を採用した。

（訳注9） ユーロ（€）。EU（ヨーロッパ連合）の経済通貨同盟（Economic and Monetary Union）で用いられている通貨。一九九九年一月一日に決済用仮想通貨として導入され、二〇〇二年一月一日に現金通貨として発足した。イタリアの場合、ユーロと旧通貨リラとの交換レートは、一ユーロ（€）＝一九三六・二七 リラ（Lit.）となった。

（訳注10） トレント県（provincia di Trenro）。十六世紀初頭のルターらの宗教改革に対するカトリック教会の対

応としてのトレント公会議（一五四五～一五六三）で有名なトレント市を中心とするトレント地方は、十四世紀以来ハプスブルク家の支配下におかれた。十八世紀末から十九世紀初頭までナポレオン（フランス）が支配し、王政復古後に再びハプスブルク家（オーストリア＝ハンガリー帝国）の統治下にはいった。第一大戦後のサンジュルマン条約（一九一九年）により「イタリア王国」に編入され、こんにちにいたっている。

　現在、トレント地方は行政区分としてはトレント県を構成している。トレント県はイタリア最北部のトレンティーノ・アルト・アーディジェ州（ボルツァーノ県とトレント県で構成される）の県である。この州は広範な自治権を享受する「特別州」であり、これを構成する二県もそれぞれ「自治県」となっている。トレント県の面積は約六二〇〇平方キロ、人口は約五三万人であり、県庁所在地トレント市の人口は約一四万人である（二〇一二年）。

（訳注11）「コープ・イタリア」（Coop Italia）という商標。“Coop Italia”は、Legacoop（前出）に加盟する消費協同組合の全国組織たる「消費者協同組合全国協会」（L'Associazione Nazionale Cooperative di Consumatori）の商標にして略称。一九五五年に設立され、二〇一〇年現在、全国に七〇〇余の店舗（スーパーマーケット七〇〇店、ハイパーマーケット六二店）を擁している。（cf. “Il Sole 24 Ore”. l'11 agosto 2010）

（訳注12）ウニポール／コンソルテ／労働国民銀行／について。

　レーガコープ（Legacoop）は、さまざまな保険会社に分散していた自らの共済を統合するため自動車会社ランチャ系の保険会社「ウニポール」（Unipol）を一九六二年に買収した。その後、ウニポールは拡大路線に成功し、総合保険部門、銀行部門を有する大金融会社となった。一九八六年に上場企業となり、九八年には銀行部門を設立した。これは二〇〇七年には「ウニポール金融グループ株式会社」（Unipol Gruppo Finanziario S.p.A.）と改称された。このグループの資本の約五一％は金融会社「フィンソエ」（Finsoe:Finanziaria Dell'economia Sociale S.p.A.）が所有し、さらに「フィンソエ」の資本の約八三％はボローニャ県の二三の協同組合企業の連合体が組織する「オルモ・ホールディング」（holding Holmo）が所有している。現在「ウニポール」は、保険会社としてはイタリアで第四番目の地位にある。

　二〇〇四年から二〇〇五年にかけて、イタリアの「アントンヴェネタ銀行」（Banca Antoniana Popolare Veneta）および「労働国民銀行」（Bnl/Banca Nazionale del Lavoro）を舞台とする株取得をめぐってオランダ、スペイン、イタリアの資本が争った。このなかでUnipoliがBnlを支配する取引が展開されたが、検察がこれを株不正操作、インサイダー取引等の廉で告発し、ウニポール会長・コンソルテ（Giovanni Consorte, 1948～　）は二〇〇五年末に辞任に追い込まれた。この事件の裁判はなお進行中である。

労働国民銀行（Bnl/ Banca Nazionale del Lavoro）の前身は、ジョリッティ時代（第四章訳注10参照）の一九一三年にルッツァッティ（第四章訳注3参照）の主導のもとに設立された「協同組合信用国民協会」（Istituto Nazionale di Credito per la Cooperazione）である。同協会は農業分野での協同組合金融を主任務としていた。ファシズム政権下の一九二七年には「労働・協同組合国民銀行」（Banca Nazionale del Lavoro e della Cooperazione）と改編され、さらに一九二九年には「労働国民銀行」（BNL／Banca Nazionale del Lavoro）と改称された。この時点から運営は主として発券銀行たる「イタリア銀行」および「国庫省」の手にわたったため、混合経済のなかでの国営銀行の性格を帯びるようになった。第二次大戦後にもこの名称と性格は継続された。戦後には強大化し、発展と危機を経験しながら世界的な民営化の流れを受けて一九九二年に株式会社に転換され、一九九八年にはミラノの証券取引所に上場された。

　BNLに対しては二〇〇四〜二〇〇六年にかけてその株式保有者たるビルバオ銀行（Banco de Bilbao）とウニポールがTOB（take-over bid 株式公開買付け）を試みたがいずれも失敗した。二〇〇六年、ウニポールがBNLの株四八％をフランスの「BNPパリバ銀行」（Bnp Paribas）に売却し、さらにビルバオ銀行もBNL株を「BNPパリバ銀行」に譲渡したため、BNLは「BNPパリバ銀行」の傘下に入った。

（訳注13）「所得補償金庫」（CIG/Cassa Integrazione Guadagni）。これは失業手当の一種で、経営危機に陥った企業が操業の停止や短縮を余儀なくされた場合、労働者の賃金喪失部分を補償する制度。一九四七年八月に導入され、その後、幾多の修正、変更が加えられている。詳細は、大内伸哉著『イタリアの労働と法』（日本労働研究機構、二〇〇三年）、および厚生労働省「二〇一〇〜二〇一一年　海外情勢報告」等を参照のこと。

（訳注14）「カンティーナ・ラヴィス」（Cantina LaVis）。トレント県は北イタリア中央部北端に位置するトレンティーノ・アルト・アーディジェ州の県である（訳注10参照）。「カンティーナ・ラヴィス」は県内で第三位のワイン醸造協同組合だが、一九九〇年代から意欲的な拡大路線をとりはじめた。当初は順調であったが、二〇〇一〜二〇〇六年にかけて極端な過剰投資をおこない、同業者との過当競争を激化させ、さらにワイン需要の低下も作用して業績が低下し、リーマン・ショック後に膨大な赤字を抱えるにいたった。二〇〇九年の決算では一億四六〇万ユーロの赤字を計上するにいたった。これは、協同組合のガバナンスの危機の例とされており、また協同組合の内部監査の不備も指摘されている。

（訳注15）　ミラノ県における業界と政治の不透明かつ不適切な結びつき。二〇一一年七月、ミラノ県セスト・サンジョヴァンニ市の荒廃旧工業地域の再開発プロジェクトにかかる贈収賄事件のなかで、元市長（中道左派）に対し収賄容疑で捜査の手がのびた。この事件には、プロジェクトに建設協同組合を関与させる要求および多額のコ

ンサルタント料の要求が内包されているとされており、有力な建設協同組合連合会たるボローニャ県の「建設業者協同組合連合会」（CCC/Consorzio Cooperative Costruttori）の副理事長の関与もとりざたされた。

　このCCCは百年の伝統を有する協同組合であり、現在、建設業のみならず工業、運送業、サービス業の分野の単協をも包摂する一大連合会であり、加盟単協は二三〇組合、従業員約二万人、年事業高は約五〇億ユーロとされている。（cf. http://www.ccc-acam.it/azienda/azienda.php）

（訳注16）キリスト教民主党（Dc/Democrazia Cristiana）は、一九四二～一九九四年に存在したイタリアのカトリック系政党。第二次大戦後のイタリア政党政治の中心をなした最大の政党。


（訳注17）協同組合統一。一八五〇年代にはじまるイタリアの協同組合運動は、一八八〇年代後半には全国連合会を組織するに至った。運動の主力は社会主義勢力であったが、十九世紀末にはカトリック勢力が社会運動に進出するにおよんで、第一次大戦後にはカトリック協同組合全国組織が成立し、協同組合運動は「赤と白」の二大勢力に分断された。さらに第二次大戦後の一九五〇年代には社会主義勢力の一部および共和派が独自の全国組織を立ち上げるにおよんで、協同組合勢力の中には「赤、白、緑」の三大全国連合会（ナショナルセンター）が存在するに至った。三大勢力の鼎立は、政党、労働組合勢力の状況に対応するものであり、国際関係における、冷戦構造にも関係していた。冷戦構造の崩壊、経済・政治状況の変化に対応して、協同組合諸勢力の関係も徐々に変化しはじめた。

　二〇一一年一月二十七日、イタリア協同組合の三大ナショナルセンター（Legacoop/Confcooperative/Agci）の代表者たちは、三センターの統一機構として「イタリア協同組合同盟」（Alleanza delle cooperative italiane）を設置したことを発表した。新機構の代表者は各センターの代表者が一年交代で務め、二四～九〇人で構成する協議会も設置される、とされている。この時点での統一体は約四万三〇〇〇組合（全協同組合の九〇％）を結集し、組合員一二〇〇万人、従業員一一〇万人、事業高一二七〇億ユーロ、を擁する規模とされている（cf. “la Repubblica”27 gennaio 2011）。

　「協同組合統一」の諸問題は、本書第七章で論じられる。


（訳注18）「相互扶助性優勢協同組合」。これはイタリア協同組合法制上での協同組合の基本的性格としての「相互扶助性」、「相互扶助目的」という概念にかかわる規定である（本書第一章第三節参照）。

　イタリアの協同組合法制は今世紀に入り著しい変更をこうむっている。大きな変更点の一つは、協同組合のなかで「相互扶助性優勢協同組合」（cooperative a mutualità prevalente）と「相互扶助性非優勢協同組合」（cooperative diverse da quelle a mutualità prevalente）という二つのカテゴリーが法制度的に区別されたことである。

二〇〇三年に私的企業にかかる会社法が改正され（legge 3 ottobre 2001, n. 366/ D.lgs.17 gennaio 2003,n.6）、これにもとづき「民法典」（Codice Civile）の協同組合にかかる条項（第二五一一条～第二五四八条）は大幅に書き換えられた（二〇〇四年発効）。

この改正によって、憲法第四五条（協同組合が有する相互扶助的性格の社会的機能の承認）および民法典第五編第六章（第二五一一条～第二五四八条／協同組合および相互保険の諸規定）に盛り込まれている協同組合の基本的性格として「相互扶助性」の規定が定められ、この規定を遵守する協同組合を「相互扶助性優勢協同組合」、この性格が薄弱な協同組合を「相互扶助性非優勢協同組合」と位置づけ、前者のみが協同組合にたいして適用される税制上およびその他の優遇策を享受できる、とされた。

「相互扶助性優勢」か否かの基準は、協同組合の種類によって異なるが、消費協同組合（生協）の場合、組合員に提供される材およびサービスの売上高が総額の半分以上を占めること等、また労働者協同組合の場合、組合員従業員への賃金が労働コスト総額の半分以上を占めること等、と規定されている。

（訳注19） 免税率の引下げ。この引下げはすでに実施されている。これについては第二章第二節の論述およびそれにかかる第二章（訳注４）を参照のこと。

（訳注20） トレント大学（L'Università degli Studi di Trento）は、一九六二年に当時のトレント県知事（presidente della Provincia autonoma di Trento）たるケスレル（Bruno Kessler, 1924-1991）の提唱により設立された大学。当初は社会学部のみの単科大学（イタリアで最初の社会学部）であり、いわば「私立」大学であったが、徐々に拡大されて一九八二年に国立大学となった。現在は、七学部に約一万七〇〇〇人の学生を擁している。

（訳注21）「非営利事業開発研究所」（ISSAN/Istituto studi sviluppo azienda non-profit）は、一九九四年にトレント大学内に設立された研究所。所長はボルザーガ氏。大学、地方公共団体、社会協同組合連合会等が構成員。欧州規模での社会的企業研究ネットワークたる「エメス」（Emes/The Emergence of Social Enterprise in Europe）の中心的組織の一つ。二〇〇八年に「協同組合・社会的企業にかんする欧州研究所」（Euricse/European Research Institute on Cooperative and Social Enterprises）が設立されて発展的に解消され、その一部は「トレント県歴史博物館財団」付属の「協同組合経済史センター」に引き継がれた。

（訳注22）「トレント県歴史博物館財団」（Fondazione Museo storico del Trentino）は、二〇〇七年に「トレント歴史博物館」（Museo storico in Trento）が改編されて設立された財団。トレント地方の文化、歴史、等あらゆる面での調査・研究・保存の活動を使命とする。

第一章　協同組合企業とは何か、その可能性

第一節　協同組合企業とは何か

先ずはじめに、国際協同組合同盟（ＩＣＡ）の文言をもって協同組合を定義してみよう。「協同組合は、共同で所有し民主的に管理する事業体を通じ、共通の経済的・社会的・文化的ニーズと願いを満たすために自発的に手を結んだ人びとの自治的な組織である(訳注1)」。

この意味を、その肝要な点をよく理解するためには、協同組合企業を他の組織と比較して観察し考察してみる必要があろう。協同組合企業をなにほどか理解するための出発点はここにある。

人間とその具体的生活は、複雑な社会のなかに実現されている。人は自らの特性にもとづいてさまざまな目的を追求する。家族を考えてみよう。それは情愛の場であり、また世話と保護の大切な場である。人生の初期、すなわち誕生から幼児期をとおして、人は家庭で成長し教育される。人生の第三期をむかえると、介護と支援はしばしば家庭内で施される。「見守り人」（イタリアでは、きれいな表現ではないが、個々の家庭に結びつく外国籍女性介護者がこう呼ばれる）の有無は家庭により異なるが。

あるいは、市民への公的サービス（治安、教育、保健など）の生産および供給を任務とする国家を思い浮かべるとよい。それにとどまらず国家は国民連帯という契約の範囲内に市民を位置づける規範に立って、余裕のある者とない者といったさまざまな指標にしたがって資源の再配分と移転の機能をも果たす。

そうした大義を維持するために、共和国全体が、すなわち国家、中間的機関、組織された人びとおよび諸個人、非営利組織、等々のすべてが動員される。そして伝統的企業、協同組合企業も、さらにはさまざまな制度も動員される。それらはどれも、それぞれの特色、個性、目的をそなえている。どれもがアドボカシーの役割を、すなわちなんらかの利害を擁護する役割を果たしうる。どれも一時的であれ継続的であれ、財やサービスの生産に取り組んでいる。あるいはまた、どれも国家と同じく、再分配的性格をそなえている。たとえば財団は、創立者が期待する目的に当てるべき財産を取得する任務をおびている。

　社会が錯綜することは、制度が必然的に複合性をおびることにむすびついている。なぜなら、現実は複雑であり、人の欲求は多様で多岐にわたる。それに対する対応が一律でないことは避けがたく、それは対策を打ちだす主体が一律ではありえないことと同様である。方策や制度が増大することの積極面はここにあるのであり、それぞれの対策や制度は欲求の一部分を満たすにすぎない。それは空間的にも時間的にも一様でない。なぜなら、一つの組織は、ある場所には有効であっても、歴史的に異なる局面では、いつでもどこでも有効というわけにはゆかないからである。一つの組織を最終的なものとはいわないまでも、ある局面においては棚上げしておき、その後の状況にあわせて修復、革新、適用させることは可能であろう。

　具体的な例を考えてみよう。十九世紀末まで、社会的扶助の少なからぬ部分は、慈善的性格の――しばしば宗教的後盾の――私的組織の手にゆだねられていた。その時代、「仁愛事業会」(訳注2)、「聖ヴィンセンシオ・ア・パウロ会」(訳注3)の組織、「モンテ・ディ・ピエタ」（「モンテ・ディ・ペーニョ」(訳注4)）、「信徒会」(訳注5)等の組織によって運営された病院がそれである。十九世紀末期、ヨーロッパの他の諸国での変化に対応してイタリア国家も社会政策の面で従来よりも大きな役割を果たすようになった。そうした「私的社会圏」(訳注6)の実態は、再編成されて消滅に近い状態となった。他方、国家は全国において、社会政策分野でのサービス供給、経済的扶助や対策の統一性等を可能なかぎり保障してゆくことになる。ここから社会国家の上昇線が二十世紀の七〇年代にいたるまで徐々に伸長することになった。そしてそれに続いて、財政危機によって、さらには組織的な脆弱性によって引き起こされる軋みおよび明白な亀裂がはじまる。この制度を維持することのむずかしさのゆえに、十九世紀末まで存続していたイニシアティブの経験、すなわちすでに忘却のかなたに押しやられている経験だが、かつては住民の大部分に介護と扶助を保障していた経験に倣って、「私的社会圏」のイニシアティブが再発見され、それが新たな要望に適用されることになった。

非営利組織が新たな第二の好機を迎えたのは、まさにこのような局面であった。非営利セクターという多面的な集合体に算入されうるさまざまな新しい組織が生まれている。それは、ボランティア組織、公認および任意のアソシエーション、社会協同組合、等々であり、それらはすべて非営利セクターの第二の活況期の主人公である。そしてそれらは、福祉政策の革新時代の装置でもある。この「社会協同組合」は、協同組合運動が自らの在り様をもってして状況の要求を満たすために――この協同組合の存在がなければ状況の要求は満たされないであろう――生みだした応力の表現である。それは社会的差別の領域で具体的な対応を提供するものである。

社会協同組合はまさに社会的な協同組合である。この社会協同組合は、さまざまな分野で活動しているもっとも伝統的な企業（信用協同組合、消費協同組合、生産・労働協同組合、農業協同組合、建設協同組合、サービス協同組合）から成る協同組合運動の内部に生まれた、もっとも新しい協同組合である。

協同組合運動は、協同主義事業の世界を構成する多様な事業形式の総体である。協同組合発生の理由を探求することも大切だが、その前に、協同組合企業とはどのように定義されているのか、すなわち、協同組合を他の制度から、資本結合的企業から、国家から区別するものは何か、を理解する必要があろう。

第二節　所有権、性格、目的

あらゆる組織は、所有権、性格、目的という三つの側面で区別される。組織には、私的組織、混合的組織、公的組織、がある。また組織はその性格、すなわち生産的か、非生産的か、という性格によっても区別される。生産的という場合イタリアにおけるアソシエーションのように単発的に生産目的のイニシアティブを有する例もあり、また企業のように継続的な形式の例もある。それとは別な例としては、労働組合、地域委員会[(訳注7)]、消費者協会、等々のような非生産的社団もある。そして第三の要素として、追求される目的がある。人間が構成する企業はどれも、株主によって投資された資本を潤すために利潤の最大化を追求するか、あるいはまた、構成員のために非営利の利益を追求するか、どちらかの目的をもつであろう。さらに別の場合、そのどちらの目的をも持たない傾きもある。それは組織外の、すなわち共同体全体の、さまざまな主体の善しとするところを追求するために活動することである。二つの目的の中間的なさまざまな目的のうち、例えば、雇用の最大化を図るというのも、営利と連帯という二つの極端な可能性のあいだに位置するものである。

このような三つの要因のそれぞれを適切に組みあわせることによって、それぞれの組織の可能性を見ることができよう。「公的」と定義される国家は、生産目的を有していないが、生産的でもあり（保健システムあるいは公教育が提供するサービスを考えてみよう）、また個々人の利益よりも公的利益を優先する規範を有している。それとは逆に営利企業は、利潤を追求する株主の所有権の本質からして、私的な本質を有する存在である。それ故に営利企業は、生産的本質を有している。営利企業は、市場に送りだす財およびサービスを安定的かつ継続的に生産し、それらを販売して利潤を獲得する。協同組合企業については、いっそうの精査が必要である。協同組合企業は、人びとの結合の成果としての共同的所有にもとづく私的イニシアティブである。ここにおいて人びとは、営利企業に拠って立つ市場の条件よりも良好な条件で財およびサービスまたは労働機会を得るために、自由な活動を展開して企業経営経験を積むのである。

そして企業としての協同組合は、生産的本質を有している。その活動の主題は、物質的財または非物質的財（すなわちサービス）の供給というところにある。協同組合というこの組織形態の目的、すなわちこの組織が一般的にめざすところは、二つの側面をもっている。それは、組合員が具える非営利的意志であり、加えて（それに代わるものではないが）、第三者的主体のための連帯的目的である。

さらに詳述するならば、信用協同組合、消費協同組合、農業協同組合、労働協同組合などの伝統的協同組合は、互酬的扶助の概念に結びついている。それは相互扶助的な目的である。これに対し、社会協同組合に付託されている任務は、それとは異なっている。すなわち、社会協同組合は、法律によって、共同体の一般意志を追求するとされている。その法律とは、一九九一年の法律第三八一号という特別法であり、協同組合世界のなかで特別な存在たるこの社会協同組合の特殊性を規定している。

第三節　相互扶助目的

連帯が意味するところは直感できるが、「相互扶助目的」（scopo mutualistico）の意味するところは曖昧である。この相互扶助目的という概念はきわめてイタリア的である。これは英語の「自助」（self-help）あるいはドイツ語の「自助」（Selbsthilfe）とは一致しない。この概念は常に存在したものではなく、一九四二年の民法典（訳注8）のなかにファシズムによって導入されたものである。それはとりわけ、独裁に対立する自由や民主主義といった原則のもとに設立された協同組合のような組織にあまり活動の余地をあたえないという配慮が働いて導入されたのである。そこに働いた意図は、明言されていないが、営利目的の通常の企業に比較して些少かつ副次的なイニシアティブとみなされたこの協同組合という実態の活動力を制限するということであった。ここから、民法典に定義なしに使用される「相互扶助性」（mutualità）という概念が現われる。この概念は、民法典に付帯された所管庁報告書（第一〇二五号）のなかでやや明快に示されている。その報告書は、その概念を、組合員たちが相互に交換する便益にかかる互酬性、と定義しており、協同組合に結集する組合員たちは自らの直接的利益を追求することにより付帯的にわずかながらも全員に積極的成果がもたらされるのだ、としている。協同組合企業の利益は、なによりもまず組合員という集団にたいして（排他的とはいわないまでも）優先的に付与されねばならない。その成果は協同組合企業のイニシアティブの目的でもあり、その戦略に振り向けられるものであり、決して利潤ではありえない。

ここは重要な論点である。営利ではなくして、相互扶助目的をとおして組合員の欲求の充足をはかること、これが協同組合企業の的確な目的である。これは唯一固有の定義ではなくして、各協同組合が活動する分野ごとに含意は異なる。

さまざまな協同組合が存在しており、活動分野の数だけ目的もふえる。信用協同組合銀行は消費協同組合とは異なっており、同様に、生産労働協同組合、農業協同組合、社会協同組合もそれぞれ異なる。どのような型の協同組合もその独特な目的を有する。

　信用協同組合銀行は、歴史的には、住民の恵まれない層の人びと、農民、小手工業者など、伝統的な財政循環から排除された人びとに信用供与の可能性を拓くために誕生した。なぜなら、こうした人びとは返済能力に欠け、信用に値しないとみなされていたからである。消費協同組合は、価格と質の視点から最良の生活必需品を組合員消費者に提供するために設立された。農業協同組合についていえば、果実集荷協同組合連合会や葡萄集荷協同組合連合会は、出荷や保存など果実加工のいくつかの過程を運営することに邁進してきた。こうした連合会は、果実生産者に契約取引力を付与し、卸売業者にたいして可能なかぎり生産品価格を高めることに寄与した。

　最後に、労働協同組合についてみると、この協同組合は、産業社会の状況のなかで資本家にたいして対等でない関係におかれた労働者という、もっとも虐げられた人びとを擁護するために発展した。この協同組合においては、労働者の役割と共同経営者の役割が組合員という主体そのものの中に凝縮する。組合員労働者は、企業の所有者であると同時に労働者であるとの意識をもつ。彼らは時として自分が労働者というよりも経営者であると感じ、そして実際には多くの場合、経営者というよりも労働者であると感じる。この協同組合の目的は、何よりもまず仕事の確保であり、賃金水準の向上をはかることであり、資本家の職権乱用から免れた状態のなかで労働環境改善をはかることである。そしてそうした状況のなかで、協同組合的本質から課せられる民主主義的方法に従い、共同経営者としての労働者自身によって意思決定がなされる。

　こうした論理的帰結として、協同組合企業の所有者は、資本家とは異なる主体である、ということができる。労働者協同組合、消費協同組合、農業協同組合、信用協同組合等々、協同組合の違いにしたがって、それぞれの協同組合は企業所有者・組合員としての労働者、消費者、農業家、貯蓄家・利殖者を擁する。

一般的に言って、この協同組合企業の基底は等質的である。すなわち伝統的な協同組合の構成員たちは、同じ経済的カテゴリーに属し、集合的利害を表明する。つまりどの組合員も単一の利害関係を体現している。それは、組合員が労働者である労働協同組合にとって然りであり、組合員が消費者である消費協同組合にとって然りであり、組合員が正当な利益を得るために収穫物を出荷する農業協同組合にとって然りである。

協同組合企業の基底についての等質性の原則がゆるやかな場合もありうる。等質性という指標は、イタリアの法制度のなかで承認されているものであるとはいえ、往々にして理論的なものである。例えば、信用協同組合銀行の場合であるが、相異なる「対抗的な」二つの要請、すなわち信用機関に融資を求めて最小限の利子を支払うという人びとの願望と、最大限の利息を求めて手持ち金を信用機関に預ける利殖者の願望とをかかえている。この等質性の原則は、社会協同組合の場合にはさらに希薄となる。後段で触れるが、社会協同組合にはいくつかの利害関係主体が関与しており、これらの主体は異なる動機から出発しながらも共通の目的を遂行するために協力する。

第四節　定義、原則、価値

これまでにとりあげてきたいくつかの要素を踏まえて、ここで協同組合についての「イタリア的」定義

——決して他の定義を否定するものではないが、独自の定義——に言及することとしよう。他の定義としては、すでに引用したように、世界の全協同組合を代表する組織たるＩＣＡのそれがあるが、イタリア的定義はそれに寄り添うものである。

協同組合は企業である。それは、同じ欲求によって動く複数の個人から形成され、彼らは同じ企業の構成員としてなによりもまず自分自身の直接的利益を得る目的をもって（相互扶助的側面）共同して経済活動を展開する。

すでに見たように、一九九五年に「協同組合のアイデンティティに関するＩＣＡ声明」として採択された声明は一九三七年および一九六六年のそれに続くものであるが、この声明によりＩＣＡが公式に掲げた解釈は、上記のイタリア的定義と大差のあるものではない。

これと同じ場で、すなわち一九九五年九月二十～二十二日にマンチェスターで開催されたＩＣＡ第三十一回大会の場で、世界の協同組合を鼓舞する「価値と七つの原則」が確認された。草創期からの六つの原則にくわえてもう一つの原則、つまり七番目の原則としての「コミュニティへの関与」が加えられた。

これらの原則を簡単に想起してみよう(訳注9)。

自由かつ自発的な加入：協同組合はその方針に賛成して参加し、その提供されるサービスの享受を望む人に対しては、人種的、性的、政治的、宗教的属性で差別することなく門戸を開いている。これが「門戸開放」の原則である。つまり、協同組合は道徳的にふさわしい質を具えて加入意思を表明するすべての人について、その加入が組合の経済活動の進行を阻害しない限りにおいて、加入を受け入れるよう求められている。この原則を強調するためにイタリアでは協同組合を可変資本企業という形式をとる。すなわち組合員は加入が自由であると同様に脱退も自由であり、加入時には定められた出資金を払い込むが、それは脱退時に返却され、また定められた額以上の出資を強制されることはない。

組合員による民主的管理：協同組合は民主主義的な組織であり、個々人の議決権のルール（「一人一票」の原則）に基づいて組合員自身によって管理される。これとはやや異なるルールが二次組織の協同組合において、すなわち協同組合連合組織において採用されるが、そこでも民主主義的運営がおこなわれる。

組合員の経済的参加：組合員は協同組合の資本形成に公平なかたちで参加し、民主主義にしたがって資本を管理する。規則に従い利潤の一部分は協同組合に帰属し、組合員によって取得されない。この部分はその性格上、不分割である。

自治と自立：協同組合は組合員によって管理され、自治と相互扶助のイニシアティブに支えられている。協同組合は、［中央・地方］政府を含む第三者と契約を結ぶ場合にも、自立的姿勢を堅持せねばならない。すなわち他の主体（政治的主体等々）の側からの制約を回避しなければならない。

教育、訓練、情報：協同組合は、そこに集う人びとが協同組合の成長発展を促進し、その命運を取り仕切れるよう、あらゆるレベルにおける責任感（マネジメントを含む）の適切な養成にとりくむ。教育の機能が大切であり、協同組合企業における活動形態と便益について世論の関心を喚起する取り組みが大切である。

協同組合間協同：協同組合は業種別・地域別に連合会を組織し、一致団結して活動することにより組合員に一層ふさわしいサービスを提供する。これは政治的・経営的視点からの、さまざまなレベルでの協同組合の「インフラ化」の重要性、［協同組合同士の］協力の重要性についての強い訴えである。これは、協同組合の考え方の背景には、「システム」を形成する考え方、「運動」としての考え方があることを想起させる。

コミュニティへの関心：協同組合は、組合員が発揮するイニシアティブにより活動する［場としての］コミュニティの発展のために働く。これは一九九五年に［ＩＣＡの従来からの諸原則に］加えられた原則である。これは重責的な原則である。すなわち協同組合は組合員という集合体の限られた範囲から脱しなければならない、社会共同体全体に有益となるような永続的かつ持続的な発展政策を企画せねばならない。

協同組合の「価値」：これも諸原則と並んで一九九五年にＩＣＡによって採択されたものであるが、これも意義深く、鋭い洞察である。すなわち、自助、民主主義、平等、公正、連帯、そしてさらに正直、公開、社会的責任、利他主義、である。協同組合の組合員は、こうした価値を固く信じるよう求められているのである。

第五節　営利企業との比較

協同組合の定義を確認し、協同組合を支える諸原則を一瞥した今、人的結合会社でありかつ資本結合会社であるという、協同組合の二重の側面を踏まえて、協同組合を営利会社と比較することが有益であろう。

協同組合も営利会社も共に企業である。企業である、というところから出発しよう。協同組合も営利会社も、安定的かつ継続的に財およびサービスを生産する。企業にはリスクを引き受ける者が必要である。協同組合の場合は出資金を拠出する人びとであり、営利会社の場合は株主である。株主は所有権を獲得し、予め定められた目標を最も効率的に達成しうるような戦略を決定する。最後に企業活動から生まれた成果を享受し、場合によってはその成果を部外者に振り向ける選択もできる。企業であることは、目的を追求するために効率的に諸資源を運営することを意味する。その目的は、当然のことながら企業の種類によって異なる。それは営利企業にとっては、最大限の利潤であり、協同組合の場合は相互扶助目的であり、また社会協同組合の場合はコミュニティの意志、すなわち連帯である。

企業が追求する目的を列挙し、それを直線上に最大限の利潤から連帯まで並べてみると、それぞれが掲げるミッションによって企業の種類を分けることができよう。すなわち資本結合企業にはじまり、営利目的の人的結合会社を経過し、古典的協同組合に、さらには、こんにち一般に社会的企業と認められている企業に到達するものである。社会的企業の息吹は、つまるところ共通善である。

フェアトレード(訳注10)の経験、ムハマド・ユヌスがグラミン銀行(訳注11)をもって唱導したマイクロクレジットの経験、倫理的ファイナンス(例えば倫理銀行(訳注12))のイニシアティブなどは、こうした一連の系譜を補完する。すでに見たように、社会協同組合は、その追求する目的からして伝統的な協同組合とは異なるものである。(原注1)

こうしたイニシアティブの価値の証明はその法的形式をもってしては十分といえない。その価値は、個々の例によってさまざまであるが、当該分野で継続される行為に係っている、すなわち名声は日々の実践の領域で高まる。名声は高まる場合もあれば、失墜する場合もある。少数の偽協同組合をもってして、数少ない無責任なイニシアティブをもってして、協同組合運動の信用失墜を引き起こすこともできるし、現実に存在する健全な部分を汚すこともできる。それゆえ、イタリア国家の法律に規定されている利潤分配制限は「相互扶助性優先協同組合」［本書「はじめに」の訳注18参照］にとって好ましからざる意図に対する積極的抑止装置となっていることは明らかであるにしても、この制限が順守されるよう監視が必要である。監視は免疫をもたらすものではないが。

すでに見たように、各種の協同組合は稼動する分野よってそれぞれ固有の目的を有している。これを「裏返しに」解釈すれば、すべての種類の協同組合に共通する要因、すべての種類の協同組合を営利企業から区別する要因が存在する。どのような種類の協同組合も独自の目的を有しており、いかなる種類の協同組合も最大限の利潤追求を究極的目標としない（してはならない）。イタリアで近年の会社法改正よってもたらされた最近の区分にしたがって「相互扶助性優勢協同組合」を念頭におくならば、協同組合企業はあきらかに、文字通り利潤のためではない、すなわち利潤を目的としない組織という意味において非営利組織とみなされうる。これは、協同組合が利潤を生みだしてはならない、利潤の一部分をも分配してはならない、ということを意味しない。それどころか協同組合は、企業として自らを強化し、自らの資本形成を強化するために利潤を生みだす。これはさらに単純化していえば、分配するための「利益を生み出す」のは協同組合にふさわしいことではない。

協同組合にとって利潤はけっして本題ではありえず、何をめざすかが大切なことである。協同組合があらゆる種類の活動を興すのは、株主の経済的期待を満足させるためではなく、組合員の期待する欲求（安定した雇用、望ましい賃金条件、良好かつ発展的な労働環境、信用供与、市場に即した生産品からの正当な収益、価格／質の関係に見合った財およびサービスの購入）にこたえるためである。

協同組合のＤＮＡのなかには、他には有力な解決法が見いだせない欲求を充足したいという意志がある、また、その意志がなければならない。幾多の例に見られるように、公的な解決法および営利の私的解決法に比べて良好なゆえに協同組合的解決法が選択されているのである。

　ここにこそ協同組合を興すべき状況、すなわち人びとのなかに具体的な要望があり、そしてその要望は協同組合的解決法が介入しないと実現されないという状況が存在する。

　引用すべきさまざまな事例が存在する。トレント県にかかわるきわめて示唆的な一例を挙げてみよう。アルプスに連なるトレント県の渓谷地帯を北部から南部へ、東部から西部へと移動し、山岳地帯の町や村に入ってみるならば、たとえごく小さな町や村にも、町村名を示す道路標識、さらには教会や広場を示す標識と並んで、乳製品製造事業所や農村金庫（協同組合信用銀行）などの協同組合事業体を指し示す標識に多々出合う。トレント県の多くの町村や山岳地域においては協同組合事業が自然な一部分をなしているように見える。とりわけ辺鄙な地域においては、例えば消費協同組合が当該地域唯一の店舗という場合が多く、それは山岳地域の過疎化を抑止する身近な機能をはたしている。こうした隠喩はともかく、トレント県における消費協同組合の三五七店舗のうち、一九八店舗は当該地域の唯一の店舗を形成している。要するに半数以上の店舗が当該地域社会をささえている。

　住民が少人数なことからわずかな利潤幅しか得られないために営利企業が進出を手控える地域において、協同組合企業はその堡塁を見出す。協同組合がそうせねばならないのかといえば、高齢者等の弱い立場の人びとが必要とする必需品購入に応じるためである（さもなくば彼らは苦労して平地にまで買い物に出向かなければならない）。トレント県においては、消費協同組合が自らの固有の使命として親密ネットワークあるいは近隣ネットワークの機能をはたしている。協同組合が利潤とは異なる諸目的を有する事実、企業である限り少なくとも中長期的には帳尻を合わせねばならない責務を負っている事実、こうした事実は、協同組合を〝行為の失敗に対する恐怖〟から自由にしている。そうした事実は、制約と困難をともないながらも協同組合を持続可能なものにしている。

こうした例は、協同組合のもう一つの重要な要因に光を当ててくれる。すなわち協同組合は、一種類の活動分野に専心すべき動機を有する点においても、伝統的企業とは異なっている。協同組合企業を突き動かす展望およびその視点は、営利企業のそれとは異なる（異なるものでなければならない！）。営利企業の場合、ある業種に参入すること、ある活動に専心すること、ある製品を生産すること、これらはすべてなんら矛盾する事柄ではない。営利企業における選択は、中期、長期の期間に関係なく、唯一の選択基準たる利潤に立脚して、企業の方向性を決定づける予測に基づいておこなわれる。これとは違って協同組合は、充足すべき充足されない欲求（語呂合わせをお許し願いたい）に視角を向ける（少なくともそうせねばならない）。

第六節　集団的・民主的主体

協同組合企業は、自らの特色のゆえに、集団的主体としてしか存在しえない。これは営利企業と協同組合を分かつもう一つの要素である。営利企業の所有者は一人ということもありうる。イタリアの良き伝統、すなわち手工業・工業分野においては一人が所有権を有する多くの事業体の伝統（この所有者がいわゆる〝親方〟である）、がそれである。そして事業体の舵取りは、家族的な〝帝王〟として知られている幾多の例が示すように、父親から息子へと、旧世代や新世代へと受け継がれる。これとは逆に、協同組合を設立するためには、充足されない欲求を感じる複数の主体、共同してこの欲求に取り組もうとする複数の主体の関与が必要である。イタリアの事情に関していえば、一九九七年まで協同組合を設立するには最低限九人を必要とした。この年以降、協同組合を設立するためには、一定の条件のもとでは、三人で可ということになった。すなわちこの年、「小規模協同組合」に関する法律（一九九七年八月七日の法律第二六六号）が初めて三人で可ということを認め、さらに二〇〇一〜二〇〇三年の会社法改正がこれを追認した。三人は九人より少ないが、一人より多い。すなわち協同組合は集団的主体でしかありえない。さらに付言せねばならないが、それは民主主義的主体である。協同組合においては、営利目的の企業のように財政的関係に媒介された参加ではなくして、組合員の参加は直接的である。そこにおける戦略は、意思決定と同じく、一人一票制に基づき、総会、理事会、幹事委員会等々さまざまな機関で練り上げられる。協同組合では、意思決定において票数は数えられるが、他の企業のように票数が重きをなすわけではない。株式会社の場合、株主の地位は所有する株数にかかっている。すなわち五〇％プラス一票を有する者が意思決定する。協同組合においては、各組合員が（一般的には）一票を有する。これがいわゆる一人一票の原則である。この原則は、拠出した資本額に左右されず、そして消費協同組合の場合にはどれだけの商品を協同組合から購入したか、農業協同組合の場合にはどれだけの農産物を納入したか、等々といった組合員の自らの協同組合との相互扶助的交換関係の大きさにも左右されない。

この事実は、少なくともイタリアにおいては、批判の対象から免れているわけではない。たとえば、消費協同組合の店舗で日常的に買い物をしている組合員と、時たまにしか店舗に出向かない組合員を思い浮かべてみよう。どちらの組合員も総会においては同じ投票権を有している。どちらも同じ重みをもっている。
あるいは農業協同組合について考えてみよう。総会においては、専業農家の農民が、わずかな土地を短時間しか耕さない人びとと同じ権力を有し、そしてこうした人びとが多数派を形成する場合もありうる。短時間しか農業に従事しない農民の数が専業農家の農民の数よりも多く、また前者が協同組合に納入する農産物が後者のそれよりも少ない、といった場合にも、意思決定権は前者の手中にある。なぜならば、総会における権力の段階基準は、協同組合への農産物の納入量でもなければ、組合員が自らの協同組合を利用する度合いでもないからである。

こうした事態は、協同組合がガバナンスを打ち立て成長と革新の戦略を仕上げるに際して、少なからぬ影響をおよぼす。自らの協同組合への関与が希薄な組合員においては、自らの事業体およびその構造の革新についてあまり関心がない、といえよう。こうした組合員は、農地での仕事を自分の主たる職業（工場労働者、公務員、自由業等）のたんなる副次的活動とみなしている。したがって、自らの事業体の変革への関心は薄く、変化や投資への意欲も希薄となる。こうした組合員たちは、総会で有する票数のゆえに、協同組合を唯一の所得源として自らの命運を協同組合という事業体に全面的に託する組合員たちが望むところとは異なる方向へ協同組合を〝押し流す〟ことができるし、そうした可能性が存在する。

規則は規則であって、民主主義的企業としての協同組合は、生産物の納入量や拠出資本額に依る票数制ではなくして、一人一票制を含意する。これは、いくつかの長所と短所を併せもつ、民主主義の美点なのである。自らの職業にとって協同組合が副次的存在にすぎない、いわばパートタイム的組合員たちのあいだに協同組合へのある種の無関心が蔓延するならば、それは憂慮すべき事態を引き起こす危険性がある。

すなわち、それは、協同組合の組織的老朽化を早めることになろうし、競争力の弱体化に、そして市場への適応力の低下につながるであろう。それゆえ、民主主義的原則は、協同組合の設立要素であり、不可欠の要素であるが、各国のレベルおよび国際的レベルにおいても、いくつかの矛盾から免れえない。協同組合運営の基本的立場、すなわち票決にあたっては討議と融和の契機を重視すること、懸案の利害対立の調整をはかること、この立場こそそうした矛盾を緩和する装置であり、またそうあらねばならないであろう。それには多くの時間を必要とすることが避けがたいにしても。

第七節　連帯と効率

ヨーゼフ・シュンペーター(訳注13)が教えているように、市場で成功を収める者は、他者に先立ってイノベーション（経営的革新）をはかる必要がある。オーストリアのこの経済学者によれば、企業を成功に導くのもこのイノベーションである。すなわち先行する停滞局面をイノベーションをもって打破するのは、企業家の質である。新しさをそなえる直感が旧来の図式を打ち砕き、経済システムが進歩し、革新的企業家がそれによって業績を上げ、それは儲けの新しい源泉に引き付けられた後続の企業家たちが追いかけている限り継続する。競争は競争を呼び、革新的企業家が先頭を切って開始した、製品あるいは生産過程の革新的戦略が模倣されてゆく。

時間の経過にともない企業家たちは市場で強化され、競争は平準化され、利潤の幅は次第に小さくなり、ついには無くなる。こうして一つの循環が終息し、新たな循環が発生する。新たな革新が新たな局面を、すなわち経済に次の目標を達成させる局面、富を生み出しうる局面をもたらす。したがって、あらゆる経済組織は、模倣を遅れさせる力をもって挑戦を受けて立たねばならない。

要約すれば、これがシュンペーターの論点であり、それは伝統的経済理論の主たるパラダイムの一つを代表しており、これは彼が伝統的経済理論をいくつかの点で修正した意義を低めるものではない。経済のなかでの企業活動においてもっとも大切な要因を把握することは、何が真に企業を革新するのかを把握することである。それは一般に了解されているように、効率であろうか。諸経費の抑制であろうか。ある企業の成功は、こうしたことのみに帰せられるのであろうか。あるいは、参加、組織内外での人間関係の質、民主的管理、等々の要因を考慮すべきであろうか。こうしたすべての要因は、真の意味での協同組合組織体が価値あるものとして考慮すべきである。

こうしたことは、民主的企業たる協同組合の質であるとともに限界であり、その力であるとともに弱点でもある。こうしたことから、民主的企業たる協同組合はまさに個人主導的企業とは全く異なるものとなっている。それは不可避的に鈍足となる。ジャーナリストのディ・ヴィーコは、自転車競走の隠喩を用いてこの協同組合事業体を「定速走行には強く見事だが、急加速には弱い」と規定している。(原注2) これにかかる明示的な例は、若い組合員と高齢者組合員の間に難しい関係性をかかえるいくつかの生産・労働協同組合の動きのなかに見出すことができよう。生産・労働協同組合の共同所有者にして労働者たる組合員のなかの比較的高齢の労働者たちは、自らの協同組合企業体の危機、あるいは自らの協同組合が属する業種の危機にさいして、犠牲を払う用意がある。彼らは〝硬直的〟状況に苦しんでおり、自らの職業の〝捕囚〟である。彼らは威厳をもって労働市場に再進出をはかるために新しい能力を獲得することがなかなかできない。これに対し、若い組合員たちは、こうした傾向に染まっていない。彼らは職業訓練や再研修の講習を受講できるし、技量の再生を経て新たな職を見出すこともできる。それゆえ彼らは、賃金の一時的削減を受け入れず、困難な局面を克服するための賃金未払いを受け入れない。彼らは転職を選ぶ。これは新たな投資には反対の立場である。これよりさらに冷え切った態度をとるのは、高齢の組合員たちであり、彼らは年金生活に近づいているがゆえに企業の成長には関心を示さない。しかし多くの若い組合員たちは、市場での新たな業績の獲得および事業高の向上のチャンスに魅力を感じ、意欲を示す。したがって犠牲や苦労にもめげず新たな投資が許容される。

内部対立や緩慢な動きを伴いながらも、こうした動態的展開が協同組合形式に通底する。それは行政をつかさどる官僚制や国会に席を占める諸政党にみられる事柄にも似ている。しかしながら構成員の参加および関与は協同組合企業にとって特別な要因である。それは決して放棄できないものである。それは、協同組合に参加し、その行動に正統性を付与して自らのものとする人びとの意志と生きがいにかかわるものである。

参加は著しい緩慢という代償を要する。他方、個々人の考えはそれぞれ重要であり、また少なくとも個々人は自分の考えを持たねばならない。それは、協同組合が、伝統的企業のように資本に立脚する、資本を増殖する意志に立脚するのではなくして、人びとの意志に立脚するために必要なことである。

協同組合は、経済的・社会的企業として立ち現われる。この在り方は、協同組合の気質およびＤＮＡの部分をなしており、またそのようなものでなければならない。他者の手にゆだねた場合、それはないがしろにされる。

協同組合は「二面のヤヌス」(訳注14)と定義されうる。これはイタリア協同組合運動の指導者スカルヴィーニ(訳注15)が社会協同組合に関して用いた表現であるが、これは全協同組合分野にまで拡延しうる豊かな表現といえよう。(原注3)二面のヤヌスは、社会的側面と経済的側面を結合するための適切な表現である。

当然のことながら現実の状況は複雑である。経済的側面のみを追求することは、参照すべき羅針盤の一個のみを、すなわち利潤の羅針盤のみを有することである。社会的側面を具えることは、経済的側面と社会的側面という二つの側面の均衡を保つことであり、抑制を欠いた成長が社会的持続性の面で逆効果を生じるのを回避することである。協同組合の世界においても非難さるべき逸脱の現象には事欠かない。現実には、自らの特質、つまり社会的要素と企業的要素を具える独特の企業という自らの特質を否定するような協同組合が存在するのである。協同組合精神を守らずに、協同組合に認められる税制上の優遇策を悪用する協同組合が存在するのである。こうした協同組合は非難されるべきである。しかしそうした逸脱の現象は例外的であって、大部分の協同組合は、経済的要素と社会的要素に立脚した協同組合精神に忠実であり、経済的要素を連帯性に結びつけるという規範を守っている。

この連帯という概念は、何よりもまず社会協同組合にとっての鉄則であるが、社会協同組合にとってのみの固有の特色ではない。それは協同組合という現象に根ざす潜在力であろう。ヴェネト州に、そしてとりわけトレント県に普及している「協同組合信用銀行」について考えてみよう。協同組合信用銀行の場合、決算時において（決算時のみではないが）、利益の多少の部分が地域で展開されている社会的・文化的企画に配分される。実際の配分はさまざまであって、文化的企画や教区、多くの連帯的企画に対してよりも、スポーツ団体に対して多く配分される。ただ宣伝広告のための援助であってはならないし、もしそうならば、何をか言わんやである。あるいは、感情的な関与があったりすれば、地域社会は疎遠となるであろう。

他の例としては、消費協同組合があり、その恩恵は組合員のみならず、消費者全体におよぶ。その恩恵の量は大きくはなくとも、その広がりを考慮すれば少なしとしない。多くの協同組合が小売業に乗り出すと、流通業での市場競争が激しくなり、それは寡占的外観からして重苦しく見える。

こうした点への留意は、協同組合の内部からも発せられねばならない。なぜなら寡占への指向、そして寡占に起因する特権的利益への指向は、しばしば協同組合世界でも存在するからである。しかしこうしたことは、協同組合精神を蔑ろにするであろうし、協同組合組織の非投機的本質、そして利潤の分散を防止するために設定されている利潤分配制限の本質からして、論理にかなわないと思われる。

協同組合が真の協同組合となるためには、つねに肯定的な外部経済をもたらす経済的事業として、すなわち企業として特色を有しなければならない。この含意は、協同組合の行為が少なくとも共同体のなかであらゆる主体に何らかの積極的作用をおよぼす、ということである。この協同組合が挑まねばならないのは、物質的側面と社会的側面の動態的均衡をめざして、つねに自らを点検することである。(原注4)すなわち物質的側面が社会的側面を補い、また社会的側面が物質的側面を補う、ということである。

もし振り子が物質的側面あるいは社会的側面に有利な方向に振れた場合、協同組合は走路から外れ、脱線してしまう。そうすると均衡が失われ、企業性と社会性がかみ合わなくなる。事実、過去においては、そうしたことが何度も起こった。ある場合には社会的規範が優越し、また別な場合には生産的・経済的規範が優越した。いずれの場合にも、協同組合がその真の精神を失う結果となった。すなわち協同組合形式が本質を失い、その〝自制力の喪失〟を回復することが難しかった。

この協同組合という結社の経験の草創期においてはとくにそうしたことがいえる。一八二〇年代のイギリスにおいて、協同組合と呼ばれる最初のいくつかの例が現われた。それはユートピア社会主義の何人かの有力者の善良な意志の結実であった。実際のところ、そうした例は、一般的企業ではなかったという簡単な事実からして協同組合だったかといえば、そうとはいえない。それらは慈善にもとづく事業であり、経済の機能の基本的メカニズムと原理を拒否し、交換手段としての貨幣を否認し、需要と供給の会合の場としての市場を否認した。それらは社会性に力点をおき、経済的側面をおろそかにした。それらは経済的に衰退するというよりもむしろ消滅の運命にあった。

つまりそれらは、反資本主義的役割のみならず反市場的機能をもって構想されていたのであった。こうした限界からしてユートピア社会主義者たちは自らの企画を実現できなかった。こんにちわれわれが知るような協同組合の誕生は先送りとなった。それはただ伝染性の現象にとどまった。それは熟考されたものであったにしても、協同組合企業の役割、すなわち社会的役割はともかく経済的役割が軽視されたために実験の段階にとどまった。

さまざまな面からして、こんにちおよび最近の状況はこれとはまったく異なる。大量消費社会の勝利（そしてその衰退）がみられる一方、イタリア協同組合人のなかには奇妙な思いが広がっている。すなわちそれは、協同組合が時勢と市場に歩を合わせてゆくには、協同組合の特色とされてきた美辞麗句の光暈《こううん》、諸原則、諸価値を払拭する必要がある、という考え方である。ここにおいて、成功をおさめ最上のものに見える営利企業こそが参照されるべきものとされる。協同組合人において意識され公言されている劣等感

（これはしかるべき状況のもとで証明されるべきであろうが）のゆえに協同組合が市場から疎外されて屈服してしまうことのないよう、営利企業が範とされるべきであり、そのガバナンス・モデル、その組織上および技術上の実践、その利潤追求方法、等々に依拠すべきである、とされる。

このように協同組合が営利企業に依拠する場合にも、協同組合は過去において消滅の危機に瀕してきたし、今もそうである。その理由は、ユートピア社会主義者たちのイニシアティブとは全く反対のものである。すなわち協同組合は、参加を促進するための補正点を加えることなくかなりの規模拡大をはかり、関係性の視点を見失い、効率と生産性を重視して社会的側面を犠牲にするならば、ついには営利企業に似た足取りをたどって営利企業とさして変わらないものになる。協同組合の草創期の様態は変質し、もはや協同組合とはみなされないようになるかもしれない。実際上そうしたものは協同組合とはまったく別物となる。

こうした退化を回避するためには、協同組合は、その特殊性としての社会性の規範と企業家の規範とを常に同時に擁する器とみなされる必要がある。これら二つの側面の均衡を追求することが不断の挑戦である。これは、不確実性と不安定性が支配する現況においては容易ならざることであるが。

【原注】

（原注1） Becchetti - Di Sisti - Zarotti, 2008.
（原注2） Di Vico, 2010b.

(原注3) Borzaga - Ianes, 2006.

(原注4) S. Zamagni - V. Zamagni, 2008.

【訳注】

(訳注1) ICAは創立以来、協同組合の自己規定、アイデンティティといわれる事柄について内部で大いに議論を重ねてきた。議論のなかでは当初より、「ロッチデイル公正先駆者組合」(一八四四年)が掲げたいわゆる「ロッチデイル原則」の検討が中心課題であった。ICAは議論を重ねて一九三七年の大会で初めて「原則」を採択した。「原則」はその後、一九六六年に改定され、現在のものは一九九五年に採択された「ICAの協同組合の定義・価値・原則」である。(cf. http://www.ica.coop/coop/principles.html)

ここに引用された文言は「ICAの協同組合の定義・価値・原則」の「定義」にあたる。引用部分の邦訳は(http://jccu.coop/aboutus/coop/index.2html)の訳文を借用した。ただし本書の訳文との整合性を保つため、英語の"enterprise"(イタリア語の"impresa")は、「事業体」ではなく「企業」とした。

(訳注2) 「仁愛会」("opere pie")は中世にイタリアで起こった貧民にたいする慈善・扶助組織であり、十六世紀以降に発展した。イタリア統一王国成立時に全国に約一万七〇〇〇の仁愛会が存在したという。この仁愛会は近代イタリアの社会政策の体系のなかに組み込まれていった。

(訳注3) 「聖ヴィンセンシオ・ア・パウロ会」は、フランスのカトリック聖人ヴィンセンシオ・ア・パウロ(ヴァンサン・ドゥ・ポール Vincent de Paul, 1581-1660)の名を冠した慈善組織。一八三三年にフランスの学生により創立され、世界中に拡大した。同会は現在一三二カ国に存在する。

(訳注4) 「モンテ・ディ・ピエタ」("monte di pietà")。[monte の本義は「山」であり、pietà は「慈悲、慈善」の意]。十五世紀の後半にフランシスコ修道会の一部の人びとの創意で形成された、低利または無利子で地域の貧困住民を対象に非営利的融資を実行した一種の質屋あるいは融資組織である。一四六二年にペルージャに設立されたものが嚆矢とされており、巷に横行する高利貸に対抗して救民的色彩を帯びていた。初期には破産例が多く、しだいに運営費を賄う利子率を定着させた。中世において利子の取得はキリスト者に禁じられていたが、教皇レオのもと一五一五年にこの「モンテ・ディ・ピエタ」の正統性が承認され、カトリック教徒の銀行の走りとなった。その後、この組織は全国に拡大し、十八世紀にもっとも普及したが、十八世紀末のナポレオンのイタリ

ア支配を契機に途絶され、占領終了後に復活したが、イタリア統一王国の成立（一八六一年）後には制度的・機能的変貌を蒙り、しだいに慈善組織や銀行組織に変貌していった。
「モンティ・ディ・ペーニョ」（"monti di pegno"）は、「モンテ・ディ・ピエタ」の別名。「ペーニョ」（"pegno"）は「抵当、担保」の古語。

（訳注5）「信徒会」（"confraternità"）は、十三世紀以降にカトリック信徒のなかに発生した、信仰および慈善を目的とする組織。各組織の本部は教会内におかれ、高位聖教者の統率のもとにおかれている。

（訳注6） 私的社会圏（Privato sociale）。イタリアの社会学者ドナーティ（Pierpaolo Donati, 一九四六〜 ）らによって一九九〇年代初頭に仕上げられた概念。「社会的な目的あるいは利他的な目的を有して、私的経営にもとづき自立的に運営される市民社会のあらゆるアソシエーションが織りなす領域」を指すものとされる。

（訳注7） 地域委員会（comitati di quartiere）。第二次大戦後に成立したイタリア共和国憲法は、地方公共団体として「州 regione、県 provincia、コムーネ comune」の三層を規定していたが、実際に機能していたのは県およびコムーネ（基礎自治体）のみであった。一九六〇年代末からの市民運動、自治運動の流れをうけて一九七〇年以降、州の実効性実現の動きがはじまり、国際的な地方分権の動きの影響もあって、分権、地方自治の制度化が強まった。
基礎自治体（コムーネ）にはその代議機関としての「コムーネ議会」（consiglio comunale）が存在するが、急速な都市化の進展に伴う都市の地理的膨張、人口層、社会的・経済的・文化的諸問題の多様化・重層化が進行し、従来の代議制のみでは社会の諸問題に対処しえない面が噴出するにいたり、一九六〇年代末以降、市民の間から日常の諸問題に自ら取り組もうとする動きがおこり、さまざまな形の運動グループが形成されはじめた。
こうした動きをうけて基礎自治体内各地区での住民協議会が制度化された（一九七六年四月八日の法律第二七八号）（その後さらに以下の法律で改正されている：legge 8 giugno 1990, n. 142/ D.Lgs. 18 agosto 2000, n. 267/ Legge Finanziaria del 2007）。この住民協議会は、現在、人口二五万以上のコムーネは設置義務を負い、人口一〇万以上二五万未満のコムーネは設置任意、とされている。
制度化された地区協議会の他にも住民が諸問題の解決のために自主的にさまざまな協議体を形成する動きがあり、その協議体の名称もさまざまである。本文に現われる「地域委員会」は主としてこの動きを指す。

（訳注8） イタリアの民法典（codice civile）。いわゆる私法の総合法であり、日本の六法に則していえば、民法、商法、労働法を含む法典。今日の民法典は一九四二年に公布されたもので、部分的に幾多の修正を経ながらも全面改正はなされていない。第五編・第六章（第二五一一条〜第二五四八条）に協同組合および相互保険の規定が

みられる。二〇〇一〜二〇〇三年に私的企業にかかる法改正がおこなわれ（L. 3 otobre 2001. n. 366. / D.lgs.17 gennaio 2003. n.6）、これにより第二五一一条〜第二五四八条は、それまでの協同組合関係の幾多の特殊法の内容を盛り込んで大幅に書き換えられた。

（訳注9） ＩＣＡの「原則」の文言は、日本生協連の手になる訳文を拝借した。ただし本書の文脈との調整のため、訳者の責任において変更した部分がある。ＩＣＡの「声明」については、以下のサイトを参照。http://jccu.coop/aboutus/coop/index2.html/ http://www.ica.coop/coop/principles.html/

（訳注10） フェアトレード（fair trade）。字義どおりには「公正取引」、「公平貿易」の意。産業先進国の側が発展途上国の原料や製品を適正な価格で購入することをとおして、歴史的に弱い立場にある途上国の生産者や労働者の生活改善や自立に貢献しようとする活動。「オルターナティブトレード」（Alternative Trade）等の呼称もある。関係者の思想や立場はさまざまである。フェアトレードについては、本書第五章第四節で詳述される。

（訳注11） グラミン銀行。バングラデシュでマイクロ・クレジットを主として展開する銀行。「グラミン」はベンガル語で「村」を意味する語。チッタゴン大学教授・ムハマド・ユヌス（一九四〇〜 ）のイニシアティブにより、主として農村の貧困女性を対象に無担保で少額の資金を貸し出すマイクロ・クレジットのシステム化が成功し、またたくまに全国に広まり、一九八三年に銀行が設立された。二〇〇九年五月現在、銀行の借り手は七八七万を越え、その内九七％が女性であるという。グラミン銀行はその後の世界的規模でのマイクロ・クレジットの先駆けとなり、二〇〇六年にはムハマド・ユヌスとグラミン銀行にノーベル平和賞が与えられた。

（訳注12） 倫理銀行（Banca Etica）。イタリアで普及している協同組合銀行の一種たる「民衆銀行」（Banca Popolare）の一つで、正式名称は「倫理的民衆銀行」（Banca Popolare Etica）という。社会的目的をもつ市民のイニシアティブにのみ融資する銀行であり、一九九八年に設立され、一九九九年三月から営業を開始した。本部はパドヴァ市（Padova）におかれている。

「民衆銀行」とは、歴史的にはドイツで発展した「庶民銀行」（Volksbank）に範をとり、ルッツァッティ（Luigi Luzzatti,1841-1927）（第四章訳注3参照）の唱導のもと、一八六四年に北イタリアに設立された「ローディ民衆銀行」を嚆矢とし、以降、大きな発展を遂げたイタリア協同組合銀行の一種である。民衆銀行は協同組合銀行であるため、その運営は一人一票等の協同組合原則を旨としている。

「倫理銀行」は法制度上の「民衆銀行」であるとともに、定款上は「倫理的銀行」であり、協同組合である。倫理的銀行は、「倫理的ファイナンス」の思想、原則に則る銀行である。倫理的ファイナンスあるいはソーシャル・ファイナンスについての公的定義は存在しないが、こうしたファイナンスの考え方は、ファイナンス先（融資先）

の社会性を重視しているといえよう。

「倫理銀行」は一般的な倫理的ファイナンスの原則にとどまらず、自らの活動のあらゆる面において、出資者、出資金、業務運営、意思決定過程、融資先等々あらゆる面において倫理的規範を実践し、倫理性を追求している。すなわち、信用供与は人権の一つであることが宣言され、融資先についてはその経済的結果のみならずあらゆる面の結果も考慮され、すべての業務活動は公開され、業務においては効率と質素が重んじられている。

倫理銀行は、定款上、協同組合であるので、組合員（株主）は一人一票の原則のもとに総会での議決権を有するのみならず、全国に約六〇存在する「地区総会」に参加して事業運営のあらゆる面に意見を表明でき、さらにその意見は全国の四つの広域区に集約されて事業運営に反映されてゆく。まさに組合員主権が実行されている銀行である。

倫理銀行の形成史は一九七〇年代後半に発生する「マグ」と略称される「自主管理相互扶助組合」(Mag／Mutua Auto Gestione）という金融組合に始まる。最初の「マグ」はヴェローナ市で一九七八年に設立され、その後いくつかの都市で形成され、協同組合やアソシエーション、市民事業等の地域での非営利事業に融資する組合として発展した。一九九一年および九三年の法律（legge 5 luglio 1991, n. 197. ／ D.lgs. 1 settembre 1993, n. 385）により貸金業の制限やその最低資金額の大幅引き上げ等が実施されたため、パドヴァ市の「マグ」を中心に銀行設立機運が高まり、とくにカトリック社会派の市民団体、レクリエーション団体、平和運動団体、フェアトレード団体、等々が協力して一九九四年に「倫理銀行をめざす協会」が設立され、さらに翌年にはこれが「倫理銀行をめざす協同組合」に発展し、九八年には資本金約九六〇万ユーロが確保されて銀行として認可され、九九年から営業が開始された。

倫理銀行の現在（二〇一二年）の出資金（資本金）は約三九一三万ユーロで創業時のおよそ三倍となっている。組合員数は約三万七五〇〇人で、これも創業時の約二・七倍である。組合員の内訳は個人組合員が約八五％弱、法人会員が一五％強となっている。組合員の出資金の一株は五五・五ユーロであり、一個人所有の出資金は全体の〇・五％を超えてはならないとされている。

預金高はおよそ七億六四三二万ユーロで、融資総額は八億二八五万ユーロ、融資先は六三三一件、となっている。預金者は自分の預金の融資先について基本的分野（社会協同組合、環境保護、国際連帯、文化・市民社会）を選択できる。融資は担保を必要としない。融資は、融資希望団体の理念、目的、事業性が厳格に審査されて決定される。貸倒金は〇・四四％（二〇一一年）である。融資先は何よりもまず、社会的弱者、人権、環境保全等の共通善、社会的関係性の向上をめざすプロジェクトに向けられるが、二〇〇三年からは、省エネ、代替エネルギー、有機農法、の分野でも営業し、社会性・環境性の点で責任ある営利企業も融資の対象としている。
倫理銀行はその形成過程から国際的規模での倫理的ファイナンス・プロジェクトに関与しているが、二〇〇五年からスペインとフランスの倫理銀行（FIARE/Fundación Inversión y Ahorro Responsable: LaNef/Société financière anonyme coopérative de la Nouvelle Economie Fraternelle）とヨーロッパ規模でのプロジェクトで協定を結び、さらに二〇〇八年には共同で「ヨーロッパ倫理銀行宣言」を発している。

（訳注13） シュンペーター（Joseph Alois Schumpeter, 1883 - 1950）は、オーストリア・ハンガリー帝国モラヴィア（後のチェコ）生まれのオーストリアの経済学者。ケインズと同じ時代に理論経済学の分野で活躍した。企業者のおこなう不断のイノベーションが経済を変動させるという理論を構築した。グラーツ大学教授、ボン大学教授を経て、一九三二年からハーバード大学教授。

（訳注14） 二面ヤヌス。古代ローマの神。最初は戸口の守神で、すべての行動の初めを司どる。前うしろ二つの顔を持った姿で表される。

（訳注15） スカルヴィーニ（Felice Scalvini, 一九五三〜 ）は、イタリア協同組合運動の指導者。社会協同組合形成期の有力指導者。「イタリア社会協同組合法」実現の功労者の一人。二〇一〇年五月以来ICA副理事長。

第二章　どのように市場と向かい合うのか

第一節　協同組合にたいする特権か

ここに一冊の本がある。これは、協同組合を中傷する人びとや古典派経済学系の伝統的経済学者たちが協同組合企業をどのように判断してきたのかを明瞭に示すタイトルの本である。この本の題名は『スズメバチはどのように飛ぶか』(原注1)となっており、故イヴァーノ・バルベリーニ(訳注1)の生前のインタビューを集めて没後に刊行されたものである。バルベリーニは、二〇〇九年に不治の病による早逝がイタリアおよび全世界の協同組合人から彼を奪うまでレーガコープの理事長でありＩＣＡの会長であり、生涯をとおしての協同組合人であった。

スズメバチは、その羽根がわずかしか開かないことから、物理学の法則により確認されているように、飛べる可能性が少ないにもかかわらず飛べるという、珍しい昆虫である。すなわちスズメバチは、その劣性条件にもかかわらず、不可解にも重力を克服し、上昇し下降するのである。バルベリーニによれば、協同組合も飛び立てるのである。協同組合は、自らに内包する社会性の諸要素――それは企業と経済にかかる通常の考え方からすれば効率を阻害するバラストであるが――にもかかわらず、市場の中にあって、内外の大ブランドや名のある会社と競い合っている。

〝悪意のある人びと〟は、自らの主張のさらなる証明を探し求める。すなわち協同組合はそれ自体では無能であり、市場のなかで立ち振る舞う能力に欠けており、しがって敗北を運命づけられている、と。彼らの主張によれば、協同組合が存在し続けるとすれば、それは、いくつかの政党との結合関係、税制上の優遇措置などの外部的要因が作用しているからである。要するに、協同組合は国家の補助を受け、市場のなかに人為的に立っている、とされる。

こうした協同組合の正統性に欠ける競争力を非難する合唱は、特に大流通業のなかで活躍する経営者たちから発せられている。彼らは、イタリア協同組合陣営のなかでの先鋭的部門の一つである強力な消費協同組合と競争関係にある。スーパーマーケット・チェーン「エッセ・ルンガ」の経営者ベルナルド・カプロッティのベストセラーの題名『鎌とカート』(訳注2)は挑発的である。(原注7)それは著者が明言しているように、「告発の書」であり、そこでは「彼がコープから蒙ったこと」が語られており、告発に満ちた説教本なのである。

ただちに明確なように、このタイトルのなかにこそ著者が言わんとする常套句が含まれている。すなわち協同組合は税金を払っていない、さらに、レーガコープの赤い協同組合は、エミリア・ロマーニャ州、リグーリア州、トスカーナ州における左翼的自治体の不当な支持のお蔭で、スーパーマーケット新設の規則を好き勝手に変更しており、請負事業の入札に常に勝っている、等々。

おそらくこの本から多くのことが理解できよう。その語調、行間から発せられる激情は、明示的また暗示的に、企業、労働者との関係、労働組合の諸要求、さらには社会に関する彼の考え方、等々を浮き彫りにしている。

この本で表明されている判断の多くは明快であり、告発はしばしば偏狭なものであり、形式は正統性を欠いている。しかしながら、それゆえにここに表明されている判断が無視されてよいとか、打ち消されてよい、とはならない。なぜなら、このような判断は例外ではなく、一般的だからである。したがって、このような判断に対しては、熟考と節度をもって、具体的かつ説得力のある議論で臨む必要がある。

このような調子で現われる立場は、予想に反して協同組合が市場で無視しえない力を、そしてますます大きな力をつけてきていることに由来しているのであろう。それゆえ、協同組合の業績伸長および量的成長が、この協同組合という企業についてもたれてきた観念と合致しなくなったのであり、このことが従来からの理論的確信を揺るがしているのである。すなわち従来から享受してきた伝統的企業群が寡占的に優越する市場についての確信が揺らぎ、協同組合のような〝不正常な〟事業体の行動によって競争が耐え難くなった、という思いがあるのであろう。

この問題は同じメダルの表裏をなす二つの面を提起しており、それぞれ別個に分析する必要があろう。第一は、協同組合に認められているいわゆる税制上の優遇に関するものであり、優遇はどのように正当化され、どのような根拠を有しているのか、という問題である。

第二は、経済理論の側から協同組合をどのように解釈するかという方法に関するものである。それは、古典的企業は利潤という唯一の尺度で構想された企業であるが、絶対的合理性、完全な情報、競争的市場、個人の利害に発する動機等々の仮定に依拠したこの古典的企業から派生した協同組合企業を理解するむずかしさにかかる問題である。

こうしたことを証明しようとすれば、その論理的方向として、いっそう説得力に富む解釈を探さねばならない。それは、協同組合のいくつかの失敗を取り込むことによって市場での競争力を高め、いっそう発展しうる主体として協同組合を位置づけるような解釈である。それでは徐々に前進し、前段の諸問題に一つ一つ取り組んでみよう。

第二節　協同組合は納税している

いわゆる税制上の優遇という問題からはじめよう。世界に目を転じると、たとえばアメリカ合衆国やカナダを考えるならば、協同組合がどこでも優遇策に恵まれているわけではないことがわかる。(原注8) ここではイタリアの状況に鑑みて、法制度が協同組合にたいして実際どのような目差をむけているのを考えてみよう。

イタリア憲法第四五条(訳注3)は、この種の企業について、正統かつ固有の非営利的（すなわち相互扶助的）な利害のほかに、その恩恵が社会にたいしておよぼす肯定的な影響のゆえに、明確な社会的機能を認めている。このために憲法は協同組合に特別な租税制度を設ける決定をした。この措置は、協同組合に対して「友好的地方自治体」によってなされているのではなく、基本的な羅針盤によって、すなわちすべての究極の根源としての憲法によって承認されている。

ここで正確を期す必要がある。特定の生産部門に対する措置、すなわち手工芸産業に対する措置と農業に対する措置とを比較して、あるいは先進的三次産業に対する措置と建設業に対する措置とを比較して、農業に対する措置および建設業に対する措置を優遇措置とみなす、延いては違法的競争の源泉とみなす、というわけにはゆかない。たとえば、農業が補助金を受けた場合には、個々の農家や農産物の加工・保存・流通にかかる営利企業とともに農業部門で活動する協同組合も恩恵を受ける。

さらに住宅生協については、すなわち人が自らの最初の住居を住宅生協で取得する場合には特別な優遇策がある。さらに労働包摂型のB型社会協同組合については、保護的条件で雇用された心身障害者の労働経費の一部が免除されている。社会福祉サービスを供給するA型社会協同組合についても、いくつかの〝助成〟の恩典がある。こうした社会協同組合は福祉の難しい部門で活動しており、共同体の一般意志を追求するという特別な使命を背負っており、営利企業にとってはことさらうまみのない部分を引き受けている。社会協同組合の社会的機能が認知されることは理の当然なのである。

そのほかのことについては協同組合にも他の一般企業と同様の税金、課税率が適用されている。とくに協同組合は、決算前に組合員に割戻し金として組合員に割り当てられる利潤に課税されている。

伝統的企業に比較して協同組合が課税を免れている部分としては、協同組合の強化とその財産の強化に役立つ積立金の形式としての不分割留保金に対する課税がある。正確を期すならば、二〇〇一〜二〇〇三年の会社法改正により、「相互扶助性優越協同組合」と「相互扶助性非優越協同組合」を区別する指標が導入された。簡単に言えば、前者においては、経済的交換量の過半数（五〇％＋一）が対組合員のものであり、この協同組合は税制上の恩典を得る。後者においては、経済的交換量の過半数（五〇％＋一）が対組合員ではなく対一般客のものである。したがって「相互扶助性非優越協同組合」は、税制上不利な待遇を受ける。すなわち「相互扶助性優越協同組合」については法人税が免除されるのは、利潤の内、不分割留保金に充当される最大限三〇％までであるが、他方、「相互扶助性優越協同組合」においては、事業高の過半数（五〇％＋一）が組合員との取引という条件を満たす限りにおいて七〇％まで免除される。(訳注4) 留意されねばならないことだが、この不分割留保金に回された利潤は、協同組合が稼動中も、また解散時においても、組合員に分配されることはない。協同組合が解散する場合、毎年の利潤から不分割留保金に切り離されて蓄積された組合財産は、一九九二年法律第五九号をもって導入された「協同組合振興相互扶助基金」(訳注5)に引き継がれねばならない。この基金は協同組合の代表団体の主唱により発足したものだが、この基金の主要部分はレーガコープとコンフコーペラティーヴェによって運営されている。この基金の目的は、協同組合を振興する諸策、協同組合教育、協同組合型の新しい現象を発生させること、等々の支援に使われる。いくつかの例を列挙するならば、この基金は危機に瀕する協同組合の救済に当てられ、また調査・研究の資金に、協同組合陣営の新たな発展の活路を見出すために使われる。この基金が設立される以前には、公的有用性を有するイニシアティブ、とりわけ危機に瀕した協同組合の支援には、解散した協同組合の財産が当てられていた。

以上、見てきたところから明らかなように、協同組合は税金を払っていないという主張は不適切なスローガンの性格を帯びたものであり、根拠のないものである。この問題は、論争の波に乗ってではなく、あらゆる角度から考察されるべきである。協同組合に認められた措置は、協同組合自身が生み出した富、留保金、財産を自身では自由に処分しえないという事実に立って、その代償として協同組合に与えられているのだ、と考えられねばならない。すでに示されたように、協同組合の留保金は全面的に〝防壁に囲まれて〟おり、協同組合の設立者も創立後の留保金積立に関与した組合員もその留保金を自分のものとすることはできない。

第三節　世代間にわたる長寿の協同組合

地域共同体と密接に結びついている中小規模の協同組合は、あらゆる意味において共同体企業ということができる。なぜならば、そうした協同組合は、誕生して以来、解散も含めて、その設立された地域に完全に属しているからである。協同組合の解散の場合、蓄積された諸資源は、「協同組合相互扶助基金」をとおして、それと同じ地域に居をかまえ（必ずしもそうでない場合もあるが）かつそこで活動する別の協同組合やさまざまな企画やプロジェクトに返還されるというかたちで地域共同体に保全される。それ故に、協同組合は、ノーベル経済学賞受賞者エリノア・オストロム（訳注6）の適切な表現にしたがえば、「コモンズ」（訳注7）とみなされうるのである。こうしたことから協同組合は長寿なのである。幾多の協同組合は、百年から百十年の活動歴を祝っている。なぜなら協同組合は一つの世代から次の世代へと受け継がれている企業だからである。これは、イタリア資本主義の諸企業を所有する幾多の家族のうちによく見られるような父から息子へと受け継がれるというものとは異なるのである。その理由はきわめて簡単である。協同組合は売却されえないし、たとえ売却されたとしても、有利なことはないのである。すなわち協同組合の組合員＝所有者には、加入時に払い込んだ出資金（場合によっては価値増殖する）のみが属するのである。それ以外のものは、どれほどの蓄積があろうとも、地域共同体に、さらに正確に言えば協同組合運動に、そして協同組合のさまざまなイニシアティブに戻されていくのである。

このようにして、協同組合企業の廃業によって発生しうる手軽な儲けに傾きがちな人びとの欲望は回避されるのである。そして、伝統的企業と協同組合との相違点も理解できるのである。すなわち伝統的企業の場合、所有者は、企業を〝始末する〟正統性を、活動の成果の販売によって手にした利益を一層有利な（必ずしも安全とはいえないが）投資に当てて増殖する正統性を有している。さらに所有者は自分の人生を賭け、自分と労働者の犠牲の結晶としての儲けを自由にすることができる。協同組合の場合、解散に際して組合財産を組合員が処分できないことおよび留保金を分配できないことが、ますます金融的性格を濃くし実体的性格を失いつつある経済の陥穽に対する重要な抑止力となっている。こうした状況からして協同組合は「資産経済」の誘惑から逃れることができる。協同組合が、共同的形態において個々の組合員および非組合員の欲求に具体的に応えられるのは、まさに協同組合が実体経済の領域に依拠しているためである。少なくとも協同組合はそうあらねばならないであろう。

ここで求められているのは価値判断ではなく、ただ伝統的企業と協同組合の立論の相違を明確にすることである。どちらも正統性を付与されており、また両者の税務形態の相違も正統性を有している。正統性を有しているというのは、特権が許されているとか、他者の犠牲において誰かの優先的措置が許される、ということではない。また然るべき利点が耐え難い特権として感知されうる、という事実は別問題である。この問題は、逸脱や濫用によって生じるものであり、協同組合陣営内でもなしとしない。従業員の保護および保障を確保できないような最低限価格をもって競争入札に参加して労働者を搾取する協同組合も散見される。このような無責任かつ偽善的な協同組合も残念ながら存在する。こうした事例は、協同組合運動が非難し孤立化させるべきである。

協同組合に適用される税制上の優遇措置を悪用する協同組合は非難されてしかるべきである。そうした協同組合は協同組合運動全体を傷つけるからである。しかしながら定款を遵守しない協同組合が存在するからといって（残念ながらそうした例は存在するが）、協同組合に認められている税制上の優遇措置が不当だ、ということはできない。一般企業には適用されない税制上の優遇措置が協同組合に認められているのは事実であるが、それは、一般企業が利益のすべてを分配しうるにもかかわらず、協同組合は組合員に利潤の一部分しか分配できないからである。

当然のことながら、同じ条件のもとでは誰しも等しく処遇されるべきである。生産および生産過程にかかるイノベーション、研究、開発に再投資される利潤等については、協同組合であれ営利会社であれ、全ての企業に非課税が認められてしかるべきであろう。それによって実体経済の成長が促進され、雇用が増大するであろう。

留意すべきは、ここにおいても公正の原則が保持されることである。なぜならば、こうした優遇措置を享受するためには協同組合は、もう一つの制約、すなわち解散の場合、財産を「協同組合相互扶助基金」に（つまり公的有用目的に）譲渡するという制約に従わねばならない。営利企業に対しても同じことが適用されてしかるべきであろう。こうした意味において、原則は次のように改められねばならないであろう。すなわち所有者に配分されずに事業体の強化に振り向けられる利潤については、協同組合企業であれ営利企業であれ、すべての企業に優遇策が適用される。ただし事業の停止あるいは譲渡の際、それまでの免税措置によって得られた財産は組合員または株主に配分されてはならず、なんかの方法で地域共同体に配分される、という条件のもとで。

第四節　市場経済は資本主義に非ず

市場経済は資本主義に非ずという考えは、メダルの裏側を示すこと、すなわち経済理論の立場から協同組合企業を解釈する方法を示すことができる。

一般企業の陣営および世論の一部は、協同組合企業を「馴れ合い企業」、「政治の傍系企業」とみなし、それゆえに非効率的とする否定的意味あいの評価をくだしているが、それは伝統的な経済理論が協同組合に関して概ね〝決まり切った〟見解を出しているからである。

経済の〝主流〟にしたがえば、市場で動く唯一の主体は、ただ自らの個人的利益を最大限にしようとする「ホモ・エコノミクス」の姿をとる。これは不思議な個人であり、共感とか共鳴といった感情に動かされず、順応主義に由来する〝ならわし〟、習俗、しつけなどが作用する生き方や習慣に左右されない。この主流の見方によれば、企業も自律的利害に立脚するきわめて単純な合理性を体現する。この正統的観念によれば、個人であれ法人であれ、経済人の行動を導くのはエゴイズムの動機である。

現実のものごとがこのような状態ではないことは容易に理解できよう。個人の感情の複雑さ、人びとから構成される企業の感情的複雑さをこのように一挙に消し去ることは、もしそれが真剣に受け止められるとしたら、危険な操作である。それは、経済動態の一つの面を理解するには有効である、すなわちR・H・コース(訳注8)が指摘するように、きわめて単純化された仮定を除けばじっさいの状況についての決疑論を解明しうる「黒板経済学」(極度に静態的な方法、したがってその諸仮定は不安定な方法を指す)に光を当てるには有効である。

それゆえ問題なのは、単純化されたさまざまな前提ではなくして、そうした前提があたかも現実を定義しうるものとして位置づけられていることである。すでに実際に見られるように、こうしたことすべてが、考え方や意見を形成し、良心を形成し、判断力をかたちづくっている。しかしそれは現実の複雑性(市場内での協同組合企業や社会的企業の、さらに一般的には非営利諸組織の複雑性)を到底把握できるものではない。

ホモ・エコノミクスでは、こうした企業や組織の意義や役割を把握できない。

これら協同組合企業、社会的企業、非営利組織も、一般企業のそれとは異なるかたちで、方便ではないかたちで、利潤を求めるという、ある種の経済的合理性を体現している。人は自己利益のみでなく多岐にわたる感情によって（たとえば、連帯の精神によって）動くものだということと同様に、企業も（協同組合もここに含まれるが）、生産の契機と人間（ときとしてきわめて脆弱で欲求の多い存在）への配慮とを協調させる、あるいは協調させようと努める。そうした二分法にしたがえば、企業の世界は富を生産し、これに対し国家は市場の機能不全によって（そして企業の世界によって）引き起こされる不平等を是正するために副次的に介入する。[原注9]

企業内での動態——外部のさまざまな「ステイクホルダー」（利害関係者）との関係、労使交渉における労働者との関係——はけっして力関係、利己主義的な圧力、強欲などによって決定されるのではない。このことを理解するには、「行動経済学」の最近の理論[原注10]を少しでも参照すべきであろう。

経済活動を展開する方法、市場のなかに身を置く方法はけっして一つではない。ザマーニ夫妻（ステーファノ・ザマーニとヴェーラ・ザマーニ）の主張によれば[原注11]、そして私も二人に同意するが、粗暴な市場のみが存在するというわけではない、すなわち内部に激しい対立をかかえる「ターボ資本主義」[訳注9]（そこでは進化論的理論が描く種の進化のように結局は最も強力な企業が勝利をおさめる）のみが存在するわけではない。

市場経済は資本主義と同じではない。資本主義は産業革命以降に徐々に形成された、歴史的過去の遺物である。こんにち、資本主義は、少なくとも部分的には修正され、見直され、新たな解釈がなされている。ザマーニ夫妻の主張によれば[原注12]、「属」（il genus）としての市場経済が存在し、そこでは市場で動くひとびとの「種」(la species)としてのさまざまな営みが展開される。確かに資本主義市場は存在し、それはおそらくもっとも有力かつ強力な「種」である。しかしそれは唯一の可能な「種」ではない。事実、さまざまな限界と困難をかかえながら、明らかに少数だが、市場のなかにうごく資本主義とは異なる方法が生まれており、それはステーファノ・ザマーニが久しく定義している(原注13)「市民的市場経済」(economia di mercato civile)に通じるものである。それは、道徳的経済、社会的経済、人間の顔をした経済、とも呼べるものである。大切なのは共通の基礎を見出すことである。すなわち、独特の使命を帯びる協同組合企業や社会的企業をおしすすめる方法である。それは生産の面、社会性の面に配慮する(人間に配慮する)ことである。

こうしたイニシアティブは、市場経済であっても経済のなかにさまざまな空間を拡大してゆくものであり、この経済は資本主義の刻印を押された経済に対するオルターナティブをなすものである。市場経済が資本主義経済(資本に立脚する利潤目的の企業によって形成される経済)と一体化するのは、十八世紀後半である。

第五節　市民的ヒューマニズムの再発見

ブルーニとザマーニが正当にも主張しているように(原注14)、市場の胎動は、市民的人文主義および市民的文化の時代たる十三世紀末から十六世紀中期にかけて起こった。この時代のるつぼのなかで、とりわけ哲学者にして経済学者アントニオ・ジェノヴェーシ(訳注10)のナポリ学派の伝統に端を発して、交換の調整メカニズムたる市場をめぐる考察が蓄積された。その後、最初は商業資本主義をもって、さらには産業革命をもって、市場の唯一の可能な表現としての資本主義という考えが支配的なかたちで広まった。ここから市場と資本主義の同一化が既定のこととされ、あたかも市場は資本主義以外のものではありえないとされた。しかし実際には、協同組合、社会的企業、非営利企業などからなる市場、経済活動の異なる方法をめざす市場が存在するのである。

こうした視点からすれば、これとは異なるさまざまな分析、たとえば「ノー・グローバル運動」(訳注11)に近い経済学者たちが主張する分析、すなわち彼らは脱経済成長を称賛し、市場経済に対立するインフォーマル経済のイニシアティブと協同組合事業とを同類とみなしているのであり、そうした分析は魅力的ではあるが、説得力を有するとは思えない。すでに協同組合運動の草創期にも、フランスのシャルル・ジッド(訳注12)などの思想家たちは、協同組合事業を反市場という視角で理解していた。これは反経済の視角である。こうした理論については、その限界や深み、程度に注目する必要があろう。環境、地域などは無責任かつ悪質な開発の対象となってはならないものであり、こうした点に注目することは大切である。

脱成長こそ幸福だという展望もあるが、協同組合は企業を志向するする組織であり、協同組合は企業である、とする展望のほうがすぐれている。協同組合がそのような存在となるためには、そしてたんなる存在の証で終息しないためには、協同組合は市場で事業展開し競合する以外に存在しえない。

こうした見地はきわめて世俗的といえようが、この見地にしたがえば、協同組合も企業である限り市場の規則に適応するのであり、市場に反抗したり、市場と戦うといったことはない。協同組合のなすべきは、市場の資本主義性を弱め、市民性を強めることである。それは競合性と人間性を強めるという意味合いにおいてである。
ここにも協同組合企業の社会的本性が存在する。協同組合は市場を自由なものにし（あるいはそうせねばならない）、いっそう競合的なものとし、寡占または独占に屈しないものとする。寡占あるいは独占は市場の機能不全および安直な利潤蓄積の原因であり、それは弱者の犠牲のもとに成立する。こうした点が想起されねばならない。市場はどのようなものであれ、競合性が最適となり、需要と供給が高まり、そして寡占が収縮されるときにはうまく機能する、すなわち均衡を保つようになる。

消費財の販売の例を考えてみよう。最適の状態は、消費財が最低価格で販売される、つまり適切な厚生システムを維持するに必要な価格で販売される場合である（厚生システムは、市場の規律水準の低下や労働者の諸権利の低下に依拠する不正な競合と価格低下体系のなかで犠牲にされてはならない）。

社会的保全の適切なシステムを維持するために必要かつ最低限の枠組が設定された場合、最適の販売状態は、生産物が可能な限り最低価格で販売されるときに実現する。これは経済学においては「均衡価格」といわれるものである。

ここにおいて、消費者個人にとっての最大限の便益が、そして社会にとっての最大限の便益が達成される。これと異なる場合、「パレート最適」（訳注13）の状況に到達する。すなわちそれは、ある個人の状態を有利にするためには他の個人の状態を不利にせざるをえない状況、である。

歴史が教えているのは、協同組合の役割の一つはまさに市場を完成させることだ、という点である。それゆえ協同組合企業は市場の対立的存在ではない。協同組合は使命として競合的市場を志向する存在、すなわち契約関係において脆弱な部分——消費市場における消費者、労働市場における労働者、農産物加工品取引市場における農業生産者――を防衛する点で競合的市場を志向する存在である（過去において必ずしもそうした存在ではなかったが）。

市場での競争促進を協同組合が自らの任務とすることを証言する一つの事実がある。ザマーニ夫妻が最近この事実を想起している。それは協同組合運動が自らすすんで引き受けたことであり、ザマーニ夫妻はこれを「反トラスト」措置あるいは反独占的方策、と規定している。（原注15）

それは前述の「協同組合相互扶助基金」を指すのであり、この基金は協同組合ナショナルセンターに加盟する各協同組合の毎年の利潤の三％が拠出されるもので、その運営はナショナルセンターに委ねられている。この基金は何よりもまず新しい協同組合の振興のために利用されるのであり、新しい協同組合は、すでにこの三％を拠出して新しい協同組合の設立に寄与している既存の協同組合との競争に参入してゆくのである。

資本主義経済の美点を称揚し実践する人にとって協同組合のこうした有様が好ましくないことは明白である。言葉のうえでは経済自由主義の命運を輝かしく進歩的なものと公言する人にとっても同じことが言えよう。こうした人たちの経済自由主義は、自由な経済をもたらすものではなく、市場を自分たちで、少数者で独占することなのである。こうして独占体や寡占体には、地の利や容易かつ気楽な利得が入り込む。

これに対し協同組合企業は自由取引に賛成し、可能な限りもっとも完全な市場に賛成する（あるいはそうせねばならない）。これは協同組合の源流に色濃く見られた息吹の一部分なのであり、次章でこれを論じることとしよう。

【原注】

（原注1） Barberini, 2009.
（原注2） Caprotti, 2007.
（原注3） Zamagni - Zamagni, 2008.
（原注4） Ianes, 2009 ; Ianes-Tortia 2010.
（原注5） Frey, 1997: Ben Ner - Putterman, 1999: Fehr-Schmidt, 2001.
（原注6） S. Zamagni - V. Zamagni, 2008.
（原注7） S. Zamagni - V. Zamagni, 2008.
（原注8） Zamagni, 2005: Bruni - Zamagni, 2009.
（原注9） Bruni - Zamagni, 2004.
（原注10） S. Zamagni - V. Zamagni, 2008.

【訳注】

（訳注1） バルベリーニ（Ivano Barberini, 1939-2009）は、イタリア協同組合の指導者。イタリア消費協同組合全国連合会会長（一九七八〜九六）、レーガコープ会長（一九九六〜二〇〇二）、消費者協同組合欧州共同体議長（一九九〇〜九六）を務め、二〇〇一年にICA会長に就任、現職のまま死去。

（訳注2） エッセ・ルンガ。株式会社エッセ・ルンガ（Esselunga S.p.A.）はイタリアのスパーチェーン。「イタリア・スーパーマーケット」（Supermarkets Italiani S.p.A.）グループの基幹会社。一九五七年にアメリカ資本が支配するスーパーとしてミラノに誕生。六一年にイタリア人のカプロッティ兄弟が筆頭株主となる。現在、北部および中部に一四四店舗を展開し、従業員総数二万二〇〇、事業高は六八〇億ユーロで、スーパー業界での市場占有率は八・七％とされている（二〇一二年）。

「鎌とカート」。「鎌」は共産党を暗示し、「カート」はスーパーのショッピング・カートである。「鎌と槌」はかつてのソ連の国旗の標章であり、多くの国の共産党は党旗にこの標章を採用していた。鎌は農民の象徴、槌は工業労働者の象徴であり、鎌と槌の標章は、農民と労働者の団結を意味していた。イタリア共産党（一九二一〜一九九一年）の党旗にもこの標章が使われていた。

（訳注3）イタリア共和国憲法。イタリアではファシズムの崩壊（一九四三年七月）から終戦（一九四五年）を経て、従来の王政の存廃を問う国民投票と憲法制定議会選挙が実施され（一九四六年六月）、一九四八年一月一日に「イタリア共和国憲法」が発効した。これがこんにちのイタリア憲法の骨格をなしている。イタリア憲法の邦訳には、宮沢俊義・編『世界憲法集』（第二版、岩波文庫、一九七六年）がある。その後の部分的改正を踏まえた邦訳は、初宿正典・辻村みよ子編『新解説　世界憲法集』（三省堂）に収められている。

　協同組合に関する憲法第四五条は、後段の第四章第三節で触れられる。

（訳注4）協同組合に対する税制上の優遇措置の中心点は、利潤に対する税率の軽減にある。本書における叙述は二〇一一年前半における税法を対象としているため、現在（二〇一三年）の現実と齟齬をきたしている。著者の進言にもとづき、以下の訳者解説を付しておく。

　二〇一一年の法律第一三八号（D.L.13 agosto 2011, n.138）により、協同組合の利潤に対する課税体系に変化が生じた。すなわち協同組合の種類によって税率は多少異なるが、一般的協同組合の「相互扶助性優越協同組合」の場合、利潤に対する課税は以下の通りとなった。①利潤の四〇％は課税対象となる。②利潤の三〇％は義務的な留保金に当てられるが、その内三％は課税され、二七％は免税となる。③さらに「協同組合相互扶助基金」に当てられる三％は免税される。④残りの二七％については、その充当目的によって課税か非課税か決まる。内部留保金、割戻金等に向けられる場合には免税となり、配当金に当てられれば課税対象となる。

　したがって以上のことから、一般的協同組合の「相互扶助性優越協同組合」の場合、利潤の内、最大五七％が非課税となりうる。この非課税部分の最大値は、生協（消費協同組合）の場合は三二％、社会協同組合の場合は九七％となりうる。

（訳注5）「協同組合相互扶助基金」（fondo mutualistico）。一九九二年法律第五九号（Legge 31 gennaio 1992, n. 59）をもって設けられた協同組合振興促進のための基金。本法の規定により、すべての協同組合は毎年利潤の三％を基金に拠出することとなった。この基金は協同組合ナショナルセンター（全国連合会）ごとに管理されており、ナショナルセンターに所属しない協同組合の基金は協同組合主管庁（現在は「経済発展省 Ministero dello sviluppo economico）が管理・運営する。

　本法については、後段（第六章第四節）でも触れられる。

（訳注6）　オストロム（Elinor Ostrom 1933 -2012）は、アメリカ合衆国の政治学者、経済学者。二〇〇九年にオリバー・ウィリアムソンとともにノーベル経済学賞を受賞。女性初のノーベル経済学賞受賞者。

（訳注7）「コモンズ」（commons）は、草原、森林、牧草地、漁場などの資源の共同利用地を指す言葉。地球環境問題への対応が求められる中、グローバル・コモンズ（global commons）たる地球環境の保全にも示唆を与える営みとして、再び脚光を浴びている。近年では、自然環境や自然資源そのものを指すというよりも、それぞれの環境資源がおかれた諸条件の下で、持続可能な様式で利用・管理・維持するためのルール、制度や組織であると把握されている（『知恵蔵　二〇一三』の解説引用）。

（訳注8）　R・H・コース（Ronald H. Coase, 1910 -2013）はアメリカの経済学者。イギリス生まれ。一九九一年にノーベル経済学賞受賞。邦訳書に、宮沢健一・後藤晃・藤垣芳文 訳『企業・市場・法』（東洋経済新報社、一九九二年、Ronald H. Coase, *The Firm, the Market and the Law*, University of Chicago Press, 1990）、がある。

「決疑論」（casistica/ casuistry）は、神学において一般的な倫理的・道徳的な規範を個々の事例に適用するために事例を検討・判定する実践的方法を指す。また、多数の事例やデータを基礎にそこから一般的に有効な規範を引き出す方法を指すこともある。

「黒板経済学」（blackboard economics）は、現実の動態や諸条件を単純化する経済学に対してR・H・コースが投げつけた呼称。

（訳注9）　ターボ資本主義。ルトワックが現代資本主義を論じた著書 E.N. Luttwak, *Turbo-charged capitalism: Winners and Losers in the Global Economy*, Weidenfeld & Nicolson, 1998.／邦訳：山岡洋一訳『ターボ資本主義――市場経済の光と闇』（TBSブリタニカ、一九九九年）において用いた用語。

エドワード・ルトワック（Edward Nicolae Luttwak、一九四二～　）は、アメリカ合衆国の歴史学者。専門は、軍事戦略研究、安全保障論。ルーマニアで生まれ、イタリア、イギリスで育つ。ロンドン大学（LSE）に学び、ジョンズ・ホプキンス大学で博士号取得。

（訳注10）　ジェノヴェーシ（Antonio Genovesi, 1713 -1769）。靴職人の子として生まれたが、父親の意向で若くして学問に没頭した。二十五歳で聖職者となり、一七四一年にはナポリ大学で形而上学の講座を得た。当初は哲学および倫理学を講じていたが、一七五四年にはイタリアで最初の経済学の講座を担当した。

（訳注11）　ノー・グローバル運動。シアトルで一九九九年十一月～十二月に開催されたWTO（世界貿易機関）閣僚会議の開催に際し、グローバリゼーションと呼ばれる現今の経済システムに反対するさまざまなグループや個

人が全米および全世界から結集し抗議行動を展開した。これを契機にこれに類する運動をイタリアでは「ノーグローバル運動」（Movimento no-global）あるいは「反グローバリゼイション運動」（movimento anti-globalizzazione）と呼ぶようになった。

（訳注12）シャルル・ジッド（Charles Gide, 1847-1932）はフランスの経済学者。協同組合の発展を主張した。作家のアンドレ・ジッドは彼の甥にあたる。

（訳注13）パレート（Vilfredo Federico Damaso Pareto, 1848 - 1923）はイタリアの経済学者、社会学者。パリに亡命したイタリア人技師を父としフランス人女性を母としてパリに生まれる。一家は六〇年代にトリーノ（イタリア）に戻った。パレートはトリーノで技術応用学校（現在の「トリーノ工芸技術大学」"Politecnico di Torino"）を卒業し、鉄道会社に職を得たが、次第に経済・社会への論究を深め、経済学者パンタレオーニ（Maffeo Pantaleoni, 1857-1924）の知己をえてワルラス（Léon Walras, 1834-1910）に学んだ後、ローザンヌ大学で教鞭をとった。ローザンヌ時代に彼の講義を聴講したムッソリーニ（Benito Mussolini, 1883-1945）とも交流し、ムッソリーニが権力を掌握すると協力した。経済学および社会学の分野においては「パレート最適」をはじめいくつかの法則、テーゼをもって知られている。

第三章　ヨーロッパにおける起源

第一節　産業革命

前段においては、協同組合企業の範囲があきらかにされ、さらにその構成諸要素が、そしてそれが忌避してきた諸要因が、描き出されてきたので、次に、過去にさかのぼることが大切であろう。そして推移の変化を確定したビッグバン、その決定的時期について知る必要がある。すなわち新しい欲求の抬頭、あるいは当初は潜在的であった欲求の噴出、であり、それが人びとの想像力を（こんにちの言葉でいえば、市民社会を）呼び起こすにいたり、人びとの要求に応じうる「方術」を見出すよう想像力をいざなったのである。

ここに喚起された過程は産業革命と呼ばれており、これが産業資本主義の源、基盤であり、それはまた協同組合事業の生みの親でもある。協同組合事業は資本主義の巨大な力への対抗勢力として生まれたのである。協同組合事業は、資本主義によって遺棄されたものを拾い上げ、何よりもまず激しい変化によって打撃を受けた人びとのなかにうまれた多くの疑問、発生した不正、痛手等を和らげる。

産業に裏打ちされた資本主義経済は、協同組合企業に先行して生まれた。周知のように、十八世紀後半のイギリスがこの過程の発生地である。その現象はかつてない空間と時間を擁していた。社会は変化し、生活・生産・労働の様式が変貌した。人間の行動のあらゆる側面が変化し、それはきわめて堅固な革新的な力を秘めていた。それは政治革命と同じように精神的衝撃をもたらし、一過性の過程ではなく、少なくとも中長期的には根源的かつ深刻な過程である。

産業革命は、技術革新の様相、動力源としての蒸気機関の使用、そして燃料としての石炭の使用の様相を見せた。所得および付加価値の構成面での第一次産業（農業）と第二次産業（工業）の比率が変化した。すなわち農業の役割は次第に低下し、工業の役割が増した。

産業革命の大変貌は、近距離であれ遠距離であれ、都市間、商業地域間、地理的諸地点間の距離を縮めた。イギリスが関与した奴隷貿易船は、鉄道および線路網の発達により間接的に生み出されたものである。すべてのものが手に届くように見え、世界はかつて想像したよりもはるかに小さいものとなった。

ここに、慣習経済から資本主義的に刻印された市場経済への移行がなされたのである。それは第一次産業のみならず第二次産業にも大きな変化をもたらした。家内生産から本格的な工場生産へと移行した。綿織物産業は、紡績部門を先頭にしてその移行を最初に果たした。こうした変化はしだいに他の産業——鉱業、製鉄業、機械業——にもおよんだ。

商人が工場主になった。分業がすすみ、生産者が賃金労働者になった。これがプロレタリアートであり、労働力のみを有する存在である。彼はもはやかつてのように自ら工作する技量や能力は持ち合わせていない。分業は、造られた物と造り主とを分離する作用となった。以前は、家内工業の主が作業の唯一の責任者であり、すべての過程を統括していた。彼は、原料から半製品、そして完成品にいたるまで、生産過程のすべてを監督していた。ここでは技量や能力が物を言った。

分業すなわち生産過程の細分化により、労働者は商品を売りわたす存在ではなく、彼の労働力自体が商品となり、他の商品と同じ尺度であつかわれる。この労働力という商品は、非人格化の法則にのっとり市場で取引され、賃金労働者の必要に応じてではなく、需要と供給の規準にしたがって報酬を生みだす。労働力は工場のなかに集められ、新しい機械によって定められたリズムにしたがう（この機械はもはや水力を動力とするのではなく、イギリスに少なからず埋蔵される石炭を燃料とするワットの蒸気機関という新しいエネルギーを動力としていた）。

以上が産業革命の、そしてその主要成果としての資本主義の素描である。資本家――すなわち資金を投入する人物――の貪欲さこそが全体系を突き動かす発条である。利潤はその潤滑油である。自らの生身の力を売りわたす賃金労働者と、無機的な力を放出する蒸気機関とは、資本主義システムの生命力である。もはや地域的なものにとどまらない市場が資本主義を機能させる。こうして現代がはじまった。私の信じるところによれば、近代は一四九二年のアメリカの発見から一七八九年のフランス革命までのおよそ三百年を覆う歴史であるが、この近代がおわった。

過去はすべて歴史の連続的な積み重ねではなく、そこには根深い断絶がある。産業革命はイギリスにはじまり、瞬く間に他の諸国に広がった。すなわち一八五〇年までに産業革命は、ベルギー、スイス、フランス、ドイツにおよんだ。そして十九世紀の後半には、西ヨーロッパの他の地域にも拡大した。十九世紀末期、イタリア王国（訳注1）とハプスブルク帝国、それに少数の国がこの産業革命過程でやや後れをとっていた。これらの国々の生産システムの主要部分は脆弱で農業に頼っていた。

工場制生産の開始にともなう作用は厳しいものであった。労働者は一日の労働時間が十二〜十六時間におよぶ状態のもとにおかれ、肉体的限界にいたるまでの搾取にさらされ、いかなる社会的保護や福祉制度も存在しなかった。男性労働の代わりにしばしば女性労働および児童労働がとり入れられた。支払賃金を抑えることができたために、経費を節約できたからであった。生産過程の細分化がすすんだために個々の作業が単純化され、女性労働および児童労働でもこなせるようになったからである。都市郊外に工場施設が立ち現われ、その周囲には多くの農民が生活しており、農民たちはすすんで工場労働者となった。

それは産業革命の原因でもあり結果でもある人口爆発の産物であった。十八世紀の中期から十九世紀の中期にかけて、ヨーロッパの人口はほぼ倍増した。農村の人口が増大し、工場が求めるあたらしい雇用機会は郊外から追われた人びとの数を膨らませ、こうした人口圧力が都市部を賑やかにした。社会状況は深刻かつ危機的なものとなった。従来からの諸問題が先鋭化し、それに新しい諸問題が積み重なった。農業共同体の構成員のあいだでの相互扶助の形式をもって幾世紀もつづいた習慣としての農村部での連帯を都市周辺に再現することは難しかった。

裕福な人がますます豊かになり、貧しい人がますます苦しくなる、という格差が進行する。不平等の程度が増してゆき、それは不安と焦燥感を生み出し、耐え難い程度にまで達する。

経済面でいえば、これまで職業選択の自由を阻害してきた同業組合の体系が解体され、生産者たちのあいだでの競争の進行は積極的な事実であるが、それは名目にすぎなかった。画餅のような独立は、営業上の安全をもたらすものではなかった。それどころか、工場制度によって押しつけられる過酷さのゆえに、所得が下がる危険も増した。疾病、労働災害、事故が容易にふりかかるようになった。

ここにおいて「社会問題」という概念が浮上する。それは何よりもまず労働者問題と受け止められた。これは幾世紀もつづく大衆の貧困問題あるいは大量の極貧層の存在を指すのではない。それはあらたな様相を帯びた現象であって、資本家の強権とプロレタリアートの脆弱性を指す。それは何よりもまず社会保障の問題であり、生まれ出た産業社会に課せられた問題であった。適切な社会立法、すなわち賃金労働者にさまざまな権利をみとめる社会立法、不測の・不慮の事態から労働者を守る社会立法が欠けていた。

資本主義に対して、これに抵抗し、これを弱めようとする新しい現象（すなわち社会主義政党、労働組合、共済組合、後に本格的な福祉制度の設立となるビスマルク時代のドイツで始められた社会保障の初期的制度）が発生した。そして社会的対抗とともに経済的対抗としての協同組合企業が生まれた。これも上記現象に列するものである。

第二節　オウェンと初期社会主義

「協同組合事業」（cooperation）という言葉は、ロバート・オウェンの先駆的経験のなかではじめて使われた。オウェン（Robert Owen, 1771-1858）は、ウエールズの片田舎の郵便局長にして馬具商の子として誕生した。彼はユートピア社会主義の代表的人物として歴史に残る、複雑な人物である。オウェンとフランスのシャルル・フーリエ（Charles Fourier, 1772-1837）、ルイ・ブラン（Louis Blanc, 1811-1882）、シャルル・ジッド（Charles Gide, 1847-1932）は、マルクス・エンゲルス流の科学的社会主義者たちと資本主義社会に対して批判的な分析を共有する思想系列に属する。彼らは資本と労働の不平等な関係を告発した。しかしユートピア社会主義者のめざすところは、科学的社会主義者とは異なり、革命をもって社会を変えること、すなわち階級のない社会に到達すべく中間段階としてのプロレタリアート独裁を実現するための革命をもって社会を変えること、ではなかった。彼らは漸進的改良をとおしての変革を希求した。つまり改良主義者だった。協同組合企業はこの改良主義的構想を追求する手段となった。

オウェンは、スコットランドのニューラナークにあった紡績工場での最初の実験を発展させつつ自らの大業に着手した。彼は一七九九年にニューラナークに居を移した。ニューラナークでの経験は、普通の資本会社のそれのように思われた。だが普通とは違って彼は、労働者の状態、労働者の厚生に多大な関心をよせ、工場で働く労働者たちを保護するための教育活動を発起した。彼は共同体的企業のモデルを構想し理論化した。彼の基本的な考え方は、一八一三年に刊行された『新社会観』（"A New View of Society"）という雄弁な題名の著作におさめられた一連の論考のなかに見出すことができる。彼の夢は、牧歌的環境のなかに一〇〇〇〜二五〇〇人の規模からなる共同体施設を建設することであった。それは、工業社会に典型的な都市近郊の都市的匿名性に彩られた、資本主義的立場が強要する展望に対するアンチテーゼとしての、一種の自然の再発見、田園生活の再発見であった。

オウェンは一八二四年にアメリカ合衆国に移住し、そこにおよそ五年間滞在し、インディアナ州のニューハーモニーに社会主義的共同体を組織した。彼は、資本主義的工場にたいする療法としての、協同主義的運営の工場モデルを打ち立てた。この試みは、利潤ではなく人間に重きをおく新しい生産形式を有する産業過程を導入するものであった。そしてオウェンは生産手段の共同所有を主張した。さらに、財の取引は市場価格によらず、生産に費やされた労働量を基準にすべし、と提案した。

イギリスにおいては、オウェンの「夢」に衝撃を受けた何人かの富裕な人がその夢を具体化しようと努めた。彼らはオウェンの崇拝者、彼の思想の崇拝者となり、その夢を産業化し実現するためにさまざまな案を提出した。

何人かの人たちの行動は伝染し、手本とされ、拡大し、作動するように見えた。一八三〇年の報道が伝えた意義ある資料によれば、その動きは大衆的な様相を帯びるようになり、およそ三〇〇社を数えるにいたった。(原注1) しかしどれも短期間のうちに破綻した。

オウェンの経験からは、二つの事柄を導きだすことができる。第一は、小売店舗である。この実験は、構想された経済の組織化の限界をあきらかにしており、経済が拠って立つ基礎についての論議を呼び起こすものである。それは企業の性格を有しておらず、協同組合ではなかった。そこでは共同的な責任が欠如し怠惰と無規律が優勢であったために、それは失敗を運命づけられたユートピアであった。店舗では貨幣の使用が拒否され、それに代えて、店舗におかれる商品に費やされた労働を基準とする(いわゆる「平均生産費の均等化」)一種の有価証券たる「労働券」が考案された。

そこでは肯定的有り様としての市場は考慮されていない。それどころか市場は問題にされていない。市場が拒否されるという意味は、市場の論理そのものが忌避されているということである。すなわちいくつかの商品は市場価格を下回る価格で販売されて忽ち売り切れたが、その売上額は生産費と利益に達するものではなかった。またある商品は市場価格よりも高い価格で売られ、この場合、商品は売れずに残った。その結果、販売は行き詰まり、収支均衡は幻となった。

第二は卸売会社であり、これも第一と変わらぬ運命であった。それは連合体(コンソーシアム)の先駆けであった。それは小売店舗に比べればイデオロギー性の稀薄な卸売会社であり、明白な効用を有していた。すなわちそれは、経験に乏しい小規模の商店に対し、協同組合の手になる生産物を供給した。最初の有力な卸売会社は一八三一年十二月にリバプールで設立されたが、四年後に破産した。さらにロンドン、マンチェスター、レスターシャーにも設立された。それらの命運は、依拠する高貴なユートピアとは裏腹で、しばらくするとどれも消滅した。(原注2)

こうした失敗の理由は簡単なものではない。ユートピア社会主義の有力者たちの誤謬は、交換経済を調整する諸要因に疑念を抱いたことである。資本主義に対する批判は、市場を告発すること、すなわち自由な競争にもとづく交換を告発することに行き着いた。そして失敗を引き起こしたのは、それらの経験に宿る集団主義的弊害すなわち競争は悪という考え方であった。

価格の調整的システムとしての需要と供給の関係を拒否したこと、交換の媒介手段としての貨幣を放棄したこと、自らの企画の財政的課題を考慮しなかったこと、これがオウェンの構想を破滅させる主要点であった。彼の発意は時として奇抜なものであったし、それについての期待はあまりにも高く野心的なものであった。

第三節　ロッチデイル公正先駆者

ロッチデイルの公正先駆者たちの経験は、一八四四年に遡る。彼らが初めて協同組合を名乗ったわけではないが、彼らの組合は社会的要素を否定することなく経営的要素を忠実に維持したという点で初めての組合であった。オウェン流の発意は夢の輝きをそなえていたが破綻した。公正先駆者たちは店舗を開いてまっとうな事業を開始し、正直さと連帯性を保持しながらも優れた経営感覚を身につけた。それゆえに彼らの店舗は成功した。同じような立場の店舗も成功をおさめた。

ロッチデイル公正先駆者協同組合は二八人の洞察力の賜物である。この二八人は、その多くが職工であったにしても、よくいわれるように全員が職工であったわけではない。二八人は宗教、政治的信条の点でも多様であり、オウエンの崇拝者もおれば、チャーティスト、社会主義者もおり、誰しも教区との関係で微妙な立場の差があった(原注3)。

彼らは町の中心からやや離れたトウド・レイン（ヒキガエル通り）に一つの建物を年一〇ポンドで賃借するに必要な資金を集めるまで各人が毎週数ペンスずつ拠出し、ついに二八ポンドの資本を集めることができた。

ロッチデイル公正先駆者協同組合の店舗は、一八四四年のクリスマスの直前、十二月二十一日に開店した。組合は、ロッチデイル公正先駆者会社として十月二十四日に登記されていた。その目的とするところは、できる限り良質の生活必需品を正しい尺度と目方で、すべてを明るみに出して販売することであり、必需品の仕入れおよび販売の運営を正直に、騙すことなく、不服が発生しないようなかたちですすめることであった。そこで守られるべき方針は、良質な商品を、適正な量目で、正しい物差しで、市場価格で販売することであった(原注4)。

ロッチデイル公正先駆者協同組合は成長しはじめた。最初はゆっくりであったが、次第におおきく成長した。すなわち一八四八年の組合員は一四〇人、出資金は三九七ポンド、事業高は二二七六ポンドとなった(訳注2)。扱う商品も、砂糖、小麦粉、オートミールのほかに、肉、靴、布地が加わった。一八五一年から組合は軌道に乗り、常勤の店員を一人おいて、毎日、終日開店することとなった(原注5)。

ロッチデイル公正先駆協同組合の店舗は増えてゆき、また他の協同組合も設立され、協同組合の活動が根づきはじめた。消費協同組合の店舗は、一八五一年には一三〇店、一八六二年には三〇〇店となり、いくつかの失敗例もみられたが、全体として安定した状況であった。ロッチデイル公正先駆協同組合のモデルは普及し、一八七七年にはイギリス全土で一六六一の消費協同組合、その組合員約一〇〇万人を数えるにいたった。ロッチデイル協同組合は、一八八〇年には、組合員一万六一三人を誇り、出資金二九万二〇〇〇ポンドを有し、事業高二八万三〇〇〇ポンドをあげた。

ロッチデイル方式の協同組合は、オウェンのモデルとは異なり、食料品や生活必需品を市場価格で販売したのであり、それ以下の価格では販売しなかった。また掛売りはせず、現金取引を求め、商品の品質（当然のことながら当時の標準的な商品の質）を保証した。「市場の見えない手に委ねる」見方は、混じり物の商品を正常な競争のゆえと当然視したが、ロッチデイル方式の協同組合は、純粋な商品を提供した。(原注6) そこに協同組合企業に力をあたえる要因、すなわち資本的企業を協同組合企業から引き放つ一つの要因があった。それは、アルベルト・バセーヴィ(訳注3)がホゥリョークの著書『ロッチデイル先駆者たちの歴史』のイタリア語版に寄せた序文のなかで明快に述べていることである。

すなわち「資本家は労働を雇用し、その市場価格を支払い、すべての利得を自らのものとしてきた。協同組合の労働は、資本を雇用し、その市場価格を支払い、すべての利得を自らのものとすることを目指している。社会にとって、社会の進歩にとって、資本が人びとを所有するよりも人びとが資本を所有するほうがはるかにすばらしく合理的であろう(原注7)」。

ロッチデイルの協同組合が思いついた利益、利潤という考えを理解するためには、ひとつの補助的説明が必要である。ロッチデイルの先駆者たちによって仕上げられた規約の筋書きにしたがえば、必要経費を差し引いた収益の剰余部分たる利潤は、購入に応じて、すなわち各組合員の購入実績に厳格に比例して分配金という形態で配分される。それはいわゆる割戻金である。すなわち決算の後に協同組合は、剰余金（組合員が過剰に支払った部分）を組合員に割り戻す。それは、組合員が購入の際に余分に支払った部分を返済することであり、収支の均衡という最小限の目的を変更しない限り支払う必要のなかった部分を返済することである。

協同組合にとって基本的な意図は、正確な重量を保証するということである。実際のところ、不正は、商品に適用される単位当たりの価格をめぐってではなく、重量をめぐって発生した。不正の習慣的なやり方としては、小麦粉、バター、砂糖などを求めた買い手は要求した重量よりも少ないものを持ち帰らされることがしばしばおこった。すなわち一キロ分を支払ったにもかかわらず、家に帰って計ってみれば八〇〇グラムだったということがしばしばおこった。これがごまかしの方法であった。

ロッチデイル協同組合は、所有者にして消費者たる組合員に安心感をあたえた。信頼を醸成し、ごまかしをしなかった。小さな子供たちでさえ、ごまかされる心配もなく協同組合店舗で買物ができた。ロッチデイル組合の公式歴史家たるホゥリョークは次のように述べている。（原注8）

子供が店に使いにやらされることはめったにない。なぜなら、店の者が子供には親切に対応せず、かまわずほっておくことを皆よく知っているからである。（中略）親が、組合へ使いにやる子供に向かって「灰色のひげをはやした髪の毛の黒いおじさんに出てきてもらって、そのおじさんに、〃いちばん良いバターをください〃とちゃんと言いなさい」などという必要はない。組合では、すべての人が灰色のひげをはやし、頭の毛が黒いのだから、子供はどの人のところに行ってもよいし、相手が若かろうが、年輩だろうが、とくに念をおさなくても、最上のバターが渡されるからである。（訳注4）

この協同組合という現象の発展を強く促進したのは、いくつかの卸売会社が生まれたことであった。その最初の会社は一八六三年に誕生し、これが後に一八七二年にはマンチェスターの「協同組合卸売組合」(CWS／the Co-operative Wholesale Society)となった。これはいくつかの小売協同組合から構成される組織であり、すでに馴染みのものとなった方式によって、すなわち各組合員(つまり単位協同組合)にたいしそれぞれの購入高に比例した分配金を支払うという方式にしたがって機能した。これに続いていくつかの卸売会社が設立された。それはまさに規模の経済を獲得し、諸経費を切り詰め、市場で生きてゆくための方策であった。

やや異なる形の例を見るならば、一八六九年に設立されたスコットランド卸売会社(the Scottish Co-operative Wholesale Society)がある。この会社の議決権は一人一票ではなく、購入高に比例した。(原注9)

ロッチデイル協同組合は、各組合員が保有する出資金高に関係なく「一人一票」の原則に立って民主的に治められた。それは民主的基礎の上に立つ総会で選出された代議員によって運営された。組合員は出資金保持者としてではなく、構成員として意見を表明するよう求められる。組合員が拠って立つのは、自助の原則である。

公正先駆者協同組合は、イデオロギーの中立性と寛容を承認する。そこには「公開」の原則、自主的で自由な加入の原則が生きている。そして利潤不分配についての部分的制約がある。さらに経営の剰余、すなわち諸経費と収入の差額の結果たる剰余は、いくつかの目的に向けられる。一部は不分割留保金の基金へ、他の一部は協同組合振興の創意のために、さらにはコミュニティのための人的・社会的創意のために。

またすでに見たように、他の一部分は購入額に応じて組合員に割り戻される。そして利潤の二・五%は、人間教育のために必要な学校や図書館の設立の「教育基金」形成に当てられた。(原注10) ロッチデイルの組合員たちは、誠実に立ち向かった。一八四八年には多くの定期刊行物を収集して読書室を開き、一八五〇年には正真正銘の図書室を設置した。つづいて学校を開いて講演会を組織し、定期的に授業を盛り込んだ。

そこでは人間形成、人間の成長の重要性が強調された。それはこんにちでも協同組合の発展にとっての基本的な要因である。その大切さを最初に理解したのが、消費協同組合モデルの走りをなした公正先駆者協同組合であった。

第四節　フランスの作業所

生産・労働協同組合という独創的な協同組合は、フランスの経験に発している。それは、フーリエ(François Marie Charles Fourier, 1772-1837)、サン・シモン(Claude-Henri de Saint-Simon, 1760-1825)、プルードン(Pierre-Joseph Proudhon, 1809-1865)らのユートピア社会主義者たちの功績、とりわけルイ・ブラン(Louis Jean Joseph Charles Blanc, 1811-1882)の功績によるところが大きい。

ルイ・ブランは一八一一年に生まれ、ジャーナリズムに夢中になり、これを職業とするにいたった。彼は社会主義的知識人たちと交わり、一八三九年に『労働の組織』(L'Organisation du travail)という想像力を喚起する題名の小冊子のなかで自らの考えを表明し、その考えは一八四八年に刊行された『労働権』のなかで再論された。

ルイ・ブランは、近代社会の悪弊を資本主義体制のみに帰するのではなく、さらに広く、市場から発せられる圧力（彼の言にしたがえば、これこそが弱い人びとを周辺に追いやってしまう元凶である）に帰した。それゆえ、賃金の平等化を唱え、共通善を目的とする展望を仕上げたが、そこでは「人は才能に応じて、から、人は必要に応じて、へ」とされた。

ルイ・ブランは彼の政治思想の基本的テクストとしての『労働の組織』のなかで、「社会作業所」（**ateliers sociaux**）を、社会改革計画を実現するための選び抜かれた場と位置づけ、戦略的な経済諸分野を統合しうる、新しい労働組織を提唱している。彼は、一面では労働組合としての、他面では協同組合としての労働者生産協同組合をとりあげて、労働者のなかでの共通善を追求するために生産手段の共有化を求める。

「社会作業所」は、事実上、生産・労働協同組合である。そこでの所有者は資本の拠出者ではなく、労働者自身、すなわちプロレタリアートである。ブランの立案によれば、起業資本は、国家の手になる巨額の無利子での資金投入であらねばならない。そうして公的機関の資金提供によって立ち上がり、平等な基盤の上に立つ労働者によって管理される協同組合が実現する。そこでは全員の給料が等しく、指導部は民主的に選出される。利潤は三つの方向に向けられる。第一の部分は投資に、第二の部分は保険の維持、高齢・障害・労災への備えに向けられ、そして第三の部分は労働者の賃上げに充てられる。

一八四八年の二月革命の後、ブランは臨時政府に入り、リュクサンブール委員会(訳注5)を統括し、この委員会は労働者の状態、その貧困状況に関する調査を実施し、深刻な失業状態を明らかにした。ルイ・ブランは、状況に対処するために自らの理論を実行した。一八四八年二月、彼の働きかけのもとに政府は「国立作業所」（ateliers nationaux）の設立を宣言した。これは労働をとおして労働者の尊厳を保障するもので、ルイ・ブランの「社会作業所」を下敷きに構想された。この作業所の目的は、都市の失業労働者を対象にこれを公共事業に雇用するというものであった。

この実験の結果は惨憺たるものであった。その設立からわずか数ヵ月後の六月二十八日、国立作業所は閉鎖された。それは財政面からして負担が大きく維持しがたいうえ、雇用問題の規模・深刻さに対処しうるものではなかった。この失敗は、それ以上の経済への国家の介入をひかえる口実を自由主義者たちにあたえた。強権発動により国立作業所が解散させられたことから労働者たちの反乱がおこったが、それは流血の惨事をもって鎮圧された。

窮地に陥ったルイ・ブランはイギリスに難を逃れ、そこに二十年以上とどまることになった。彼は亡命の翌年、ロンドンにおいて、国立作業所の惨めな経験について触れる機会をもった。すなわち彼は小冊子を著し、失敗の原因は、理論的内容の効力ではなくして実行面にあった、とした。しかし事実として、ブランが構想した労働協同組合は、資本主義の悪弊のみでなく、（オウェンにやや似ているが）市場機能のメカニズムそのものをも疑問視していた。

ブランの欠陥はその出発点の構成そのものにあった。つまり彼においては、協同組合が慈善事業と混同されていたのである。慈善事業の社会性を経済のほんの一面においてのみ位置づけることは、慈善事業そのものの有効性をも弱めることになる。

フランスにおけるその後の生産・労働協同組合の発展はめざましく、それは公的支援すなわち相互扶助主義に対する国家の姿勢とむすびついていた。

第五節　ドイツの経験

ドイツにおける協同組合の起源には今なお異なる二つの流れがある。第一は、プロイセン（王国）のザクセンに位置するライプツィヒに近いデーリチュでヘルマン・シュルツェ＝デーリチュ（Hermann Schulze-Delitzsch, 1808–1883）が試みたものである。彼は、一八五二年に「庶民銀行」（Volksbank）を設立した。第二は、ケルンからコブレンツにかけてのライン河流域の農村地帯でライファイゼン（Friedrich Wilhelm Raiffeisen, 1818–1888）の手ですすめられた試みであり、一八六四年にはヘデスドルファーにおいて、最初の相互信用金庫たる「ヘデスドルファー貸付金庫」（Heddesdorfer Darlehnskasse）が誕生した。

これら二つの試みは相違しており、それぞれ異なる経済層に呼びかけた。デーリチュの「庶民銀行」は、都市部に店舗をかまえる小市民・手工業者層の要請に応えた。これに対しライファイゼンの「信用金庫」は、直接耕作農民に対応し、彼らの生活向上の過程に貢献した。このドイツの二つの経験はそれぞれ相違するが、類似点も有している。どちらの経験も信用領域に関心の中心をおいており、イギリスのように消費領域、そしてフランスのように生産・労働領域に中心をおく場合とは異なっている。

(1)　庶民銀行（フォルクスバンク）

編年的に見て、信用部門で最初に発展したモデルは、一八七一年にヘルマン・シュルツェ＝デーリチュによってはじめられた「庶民銀行」である。シュルツェは自由主義的な考え方をもっており、都市部で生計を営む小ブルジョワ層のかかえる諸問題を解決するために努力した。彼は、都市の小事業主たちを悩ます諸問題の一つである深刻な問題、通常の方法では資金調達できないという深刻な問題にとくに心を痛めた。

当時の金融システムは小事業主たちにとって資金を得る方法としてふさわしいものではなかった。抵当や担保といった保証が求められ、それに見合った額のみが融資された。商業や手工業の経営者が起業したり日常的経営を組織する場合に必要とする資金は比較的少額であった。しかし彼らは、融資の保証として差し出す不動産を所有しておらず、実質的財産を手にしていなかった。彼らが差し出せるのは、工芸店としての評判、知的誠実さ、仕事への情熱、投資を返済しうる力を養う意志、等々であった。

こうしたことからシュルツェは、同じような状況におかれている人びとの互酬力、解決策を共に見出してゆく人びとの互酬力、そして自助力に依拠することの重要性を感知した。戦略は施しに頼るのではなく、自ら立ち上がることであった。人間的な力に頼り、その力を他の力と結びつけることであった。庶民銀行の特色は、恩恵に頼るのではなく、連帯性と共同性にもとづく責任感に立脚することであった。

起業資金は組合に結集する人びとの自己資金をとおして形成された。損失が生じた場合には、庶民銀行の自己資源を債務返済に充て、できる限り組合員の財産を取り崩さない、とされた。組合員は出資金が不足した場合にのみ自己責任が求められた。しかしこうした責任引受は、初期的解決策ではなく、「極端な」状況の解決策の一つとされた。

ここにこそ組合資本を形成する重要性、庶民銀行の組合員となるためには必須の前提としての組合資本の形成の重要性がある。組合参加のために組合員が拠出する資金は、基本的な組合員資格条件の役割をはたす。庶民銀行への参加は、誰にでも許されるのではなく、一定の条件を有している人、すなわち自分および自分の家族への責任をはたす人間的資質を有する人にのみ許される。庶民銀行には誰でも参加できるわけではなかった。商店主および手工業者のうちでやや恵まれない層が対象であるが、まったくの無産者あるいはそれに近い人びとは参加できなかった。

(2) ライファイゼン／小銀行家の聖像

ライファイゼンは、政治面での模範といえる人物であった。すなわち懸命に尽力し、間違いを犯してもそれを繰り返さないよう努力し、ついには素晴らしい成果をあげた人物であった。彼の行動は、ライン河流域地域の小農民の運命を巻き込んだ。ハム（Hamm）、ヴァイエルブシュ（Weyerbusch）、フラマースフェルト（Flammersfeld）、ヘデスドルフ（Heddesdorf）が彼の行動地域であった〔訳注6〕。そこは彼の活動の場であり、彼が行政担当者として、改革者として遍歴している間に関係をもった地域であった。

壮年ライファイゼンが現実を綿密かつ注意深く観察し、日々の実践をとおして試みながら解決策を見出す活動をはじめたのは一八四六年であった。この年、彼は極貧の人びとが居住する二〇ほどの地区からなるヴァイエルブシュ連合区の区長に任命された。この職は一種の町長であるが、任命制であった。彼の観察力は、一九四六～四八年の凶作のなかで人びとの間の格差が拡大する劇的状況に直面せざるをえなかった。その状況の顕著な例は、パンの市場にみられた。すなわち供給が少なく、市場の原理から価格は日々うなぎ上りに高騰した。金持ちはパンを買占め、貧乏人はパンを買えなかった。耐え難い状況であった。ライファイゼンは、博愛主義的人びとの援助を受けてヴァイエルブシュにパン焼き炉を建て、特別価格制

により パンを販売した。すなわち一般の人には通常価格で、貧しい人には半値で、また掛買しかできない人にも半値で販売した。

一八四八年四月、ライファイゼンに新しい重要な職務があたえられた。彼はその功績により、三三の地区からなるフラマースフェルト連合区に派遣された。そこはヴァイエルブシュ連合区よりも広域であったが、社会状況の諸問題は似通っていた。農民たちは地域の有力者に隷属し不安定な状態に置かれていた。この状況のなかでは狡猾な高利貸が横行しており、ライファイゼンはこの実態を明らかにする調査に乗り出した。

一八四九年十二月、この宿弊をのりこえるためにライファイゼンは、有効な手段を手にしていない農民たちを保護する「フラマースフェルト同盟」という共済組合を設立した。この組合の目的は、家畜を直接購入し、畜産希望者にこれを低利で譲渡することであった。希望者は数年内に返済する義務を負った。組合は各人が投機の対象とならずに希望が持てるような割賦制度を定めた。

こうしてライファイゼンはその遍歴の最終地点、彼の名を高らしめた組織を完成させる地点に到達した。すなわち一八五二年八月、彼は五教区および一四自治体、人口九〇〇〇人から構成されるヘデスドルフ連合区の区長に任命された。それはライン河沿岸の小さな工業都市ノイヴィート（Neuwied）近郊に広がる地域であった。ヘデスドルフはヴァイエルブシュともフラマースフェルトとも少々異なる特色を有しており、その住民の大半はノイヴィートの工場の労働者等で給料生活者であった。ヘデスドルフ周辺の村々の人びとは土地を耕作して生活していた。

ライファイゼンは就任して二年後、それまでの経験にもとづき「ヘデスドルフ慈善組合」を設立した。

これは富裕な人びとの支援による慈善組織であった。この活動はうまくいったが、間もなくライファイゼンは、慈善が人びとを解放するのではないことに気づき、預言的な言葉を唱えた。その言葉は、その後の彼の著作のなかに、彼に関する書物のなかに繰り返しあらわれるものである。「裕福な人びとが協力を望まなくなったときは、私自身も貧者、盲人、障害者と同じように路頭をさまようであろう。」

ライファイゼンのこの定言のなかにこそ、信用金庫がこんにちにいたるまで世界中で成功をおさめることを可能にした核心が含まれている。ここにこそ、この解放の方策に独創性を付与する「だからこそ」という根拠がふくまれている。それは、債務者と債権者を結ぶ利息を梃にして、隣人愛というキリスト教の原理と恩恵をほどこす責任感を有する直接行動とを結びつける、輪なのである。それは「神の加護があるよう汝自身を助けよ」という自己共済の原理である。それはドイツの「自助」(Selbsthilfe)であり、イギリスの「自助」(self-help)である。それは外因的な力に頼るのではなく、他者との連携および協力によって自らできることを為す、ということである。連帯が本物で長続きするためには、対等な人びとのあいだでの対等な関係として作用するものでなければならない。連帯は互酬を基礎に成り立つものでなければならない。各人が手にするわずかな貯蓄が結集されず信用機関を興すには足りない状況のなかで、人びとのあいだでの相互協力の必要性が強調されるが、大切なのは〝資本のない銀行〟を創出することである。ライファイゼンのなかに浮かんだ直観は、素朴なものであった。すなわち農民たちが必要とする信用を伝統的銀行、貯蓄金庫、商業銀行から得られないのは、彼らが差し出すべき保証を手中にしていないからである。それではどのような方策があるのか。高利貸に頼ることでないことは明白である。自分たちの銀行を設立する必要があった。文無し状態の農民たちがどのようにして銀行を興すことができようか(農民組合の出資金はほんのわずかであり、銀行を興すほどの資本にはなりえなかった）。しかし農民組合の全員のすべての所有物（土地、家屋、家畜、農機具）を保証として銀行に融資を求め、資本を持たない銀行を設立する試みは可能ではないか。

それは組合員になることによって他者に義務を負うという動機づけに依拠すること、すなわち他者はあなたに義務を負うが、あなたも他者に義務を負うという、無限責任制の原則に依拠することである。各人は、自分の債務履行そして（他者が債務不履行の場合には）他者の債務履行のために自分の手にするすべてを差し出す。すべては利得欲から遠く離れたことであり、構成員の積極的で民主主義的で非営利的な参加がそのシステム全体の原動力であった。それは経済的観点からも、道徳的観点からも、人びとを高めることになった。

ここにおいて、融資を求める人びとは結びつき、事業を遂行する意義、団結を力とする思想を具体的に示さねばならなかった。こうしてライフファイゼンの構想が具体化することになった。慈善に依拠していた組織が実体的な企業に転化した。すなわち営利に立脚するのではなく構成員の相互扶助に立脚する企業に転化した。いくつかの過程を経て一八六四年から六九年にかけて「慈善組合」は協同組合に改編されて「ヘデスドルフ貸付金庫」と名乗るにいたった。（原注11）これは明白に農村の人びとを対象にして協同組合を基礎とする、世界で最初の信用機関であった。この運営の規準は諸国の信用機関にも採り入れられ、それらの機関はその発案者たるライファイゼンの名を冠することになる。

こうして信用金庫はドイツの国境を越え、ドイツ語圏に広まった。そしてライファイゼンの事業は、貧困に抗するもっとも洗練された制度構築術の一つとして、ノーベル賞にも値するものとして評価された。

ライファイゼンは一八八八年三月十一日にこの世を去ったが、その創意はいくつかの側面で依然として有効である。

【原注】

（原注1）Pollard, 1992.
（原注2）Pollard, 1992.
（原注3）Topham-Hough, 1949.
（原注4）Holyoake, 1995.
（原注5）Holyoake, 1995; Topham - Hough, 1949.
（原注6）Topham - Hough, 1949.
（原注7）Basevi, 1995.
（原注8）Holyoake, 1995, pp.131-2.
（原注9）Pollard,1992; Topham - Hough, 1949.
（原注10）Topham - Hough, 1949.
（原注11）Raiffeisen, 2010.

【訳注】

（訳注1）イタリア王国（Regno d'Italia, 1861-1946）。イタリアは十九世紀前半までは、統一された一つの国家ではなく、ハプスブルク帝国に支配される地域、サヴォイア王朝の支配地域、教皇庁の支配地域、スペイン・ブルボン王朝に支配される地域等々に分裂していた。十九世紀初頭から民族統一運動（リソルジメント）がおこり、一八六一年に統一国家としての「イタリア王国」が成立した。このイタリア王国は、ファシスト政権崩壊後の一九四六年六月の国民投票によって廃止され、その結果こんにちのイタリア共和国が成立した。

（訳注2） この当時の通貨単位は、一ポンド（pound）＝二〇シリング（shillings）＝二四〇ペンス（pence）であった。一九七一年二月十三日に一ポンド＝一〇〇ペンスに切り替えられた。

（訳注3） バセーヴィ（Alberto Basevi, 1882-1956）。イタリア協同組合界の指導者。イタリアにおける信用協同組合の創始者の一人ルッツァッティ（Luigi Luzzatti, 1841-1927）の高弟として出発し、一九一四年には、前年に設立された「協同組合信用国民協会」（Istituto Nazionale di Credito per la Cooperazione）に入る。同協会は農業および消費分野での協同組合金融を主任務としていたが、一九二七年には「全国労働・協同組合銀行」（Banca Nazionale del Lavoro e della Cooperazione）となり、バセーヴィはこの年から理事長に就任した。一九三八年、「人種法」の発布にともない、ユダヤの出自のゆえに職を解かれた。ファシズム崩壊後には、戦後最初の体系的協同組合法（D.lgs.C.P.S. 14 dicembre 1947, n.1577）の作成の中心人物として活躍した。この法律は彼の名を冠して「バセーヴィ法」と呼ばれている。

バセーヴィがホゥリョークの著書に寄せた序文が収録されているイタリア語版は、“G. J. Holyoake, *La storia dei probi pionieri di Rochdale*. Roma, La rivista della cooperazione, 1953.”である。

（訳注4） 原書（イタリア語）におけるホゥリョークからの引用文は、邦訳版の該当部分と若干異なるが、ここでは邦訳版該当部分を借用して掲げた（『ロッチデールの先駆者たち』、財団法人協同組合経営研究所、一九六八年、一〇九～一一〇頁）。

（訳注5） 一八四八年の二月革命によって成立した臨時政府にルイ・ブランは入閣した。彼は労働者に対する政策を担当する「リュクサンブール委員会」（本部がリュクサンブール宮殿におかれたためにこの名で呼ばれた）の長として活躍し、失業労働者に仕事を提供する「国立作業所」（Ateliers nationaux）の設立等の政策を試みた。

（訳注6） ハム（Hamm）はライファイゼンの生地で、ノルトライン＝ヴェストファーレン州の町。ヴァイアブシュ（Weyerbusch）、フラマースフェルト（Flammersfeld）、ヘデスドルフ（Heddesdorf）はいずれもラインラント＝プファルツ州の町。

第四章　イタリアにおける協同組合

第一節　誕生からジョリッティ時代まで

(1)　はじまり

イタリアの協同組合は、ヨーロッパのさまざまな経験（イギリスの消費協同組合、ドイツの信用協同組合、フランスの生産・労働協同組合）から着想をえている。イタリアで最初の協同組合は、サルデーニャ王国(訳注1)のトリーノで一八五四年に生まれた。トリーノの共済組合たる「労働者一般協会」がこの年に消費協同組合を誕生させたのである。その後まもなく一八五六年にサヴォーナ県のアルターレでガラス製造工の生産・労働協同組合が設立された。その目的は、コレラ猖獗の最中に、サルデーニャ王国がすすめた自由貿易政策によって引き起こされた経済状況の悪化に対処するためであった。

その後の協同組合の発展はけっして順風満帆とはいえないが、協同組合運動が急速に成長することになった一つの画期的出発点は、ドイツのシュルツェ・モデルの唱道者にして「歴史的右派」(訳注2)に属するルッツァッティ(訳注3)がローディにおいて最初の「民衆銀行」(訳注4)（banca popolare）を設立したことである。これに続いて他の民衆銀行――たとえば一八六八年にはヴィガノー(訳注5)の主導による「コーモ民衆銀行」――も興された。ブリアンツァに生まれたヴィガノーは、会計学の教師でマッツィーニ(訳注6)的自由主義思想を抱いていたが、協同組合を社会的協調と普遍的兄弟愛をめざす手段と考えていた。

一八八三年にはパドヴァ県のロレッジャにおいて、ヴォッレンボルグ(訳注7)の発意によりライファイゼン的定款にもとづく最初の「農村金庫」（cassa rurale）が設立されるにいたった。バルディーニ(訳注8)は農業労働者(訳注9)の一団を「ラヴェンナ農業労働者一般協会」に組織したが、これは最初の農業労働者協同組合であった。農業労働者協同組合はイタリア起源とされる経験である。こうして多岐にわたる多様な協同組合の出現をもって二十年にわたる草創期が閉じられた。

一八七六年になると全国に一一八の民衆銀行が存在し、その内一〇二行は中・北部にあり、一六行が南部にあった。(原注1) 一八八〇年代になると民衆銀行は、北部イタリアにおける金融市場で確実な立場を確立し、地域によって異なるが金融市場の一六%から二〇%を占めた。(原注2)「農村金庫」は農民のいわば身代金を体現していたが、農業金庫の比重は、一八九〇年代に市場のわずか一%を占めるにすぎなかった。

消費協同組合について見ると、一八九〇年には六八一組合が存在し、その半数はピエモンテ州に集中していた。その後、消費協同組合の成長は続き、一九一四年の調査は二二〇〇組合を数えている。しかし南部イタリアでは乏しく、いくつかの例外的地域を除けばその存在は稀薄であった。イギリスの卸売会社を手本とするような中心的仕入れ組織の欠如が響いていた（「イタリア消費協同組合連合会」が設立されるのは一九一一年になってからである）。

いくつかの見るべき成果をあげたのは、生産・労働協同組合の分野であった。すなわち一八九〇年の調査によれば、一一二組合が存在し、その内、建設労働者の組合が四三、労働者住宅建設事業組合が六九である。地域的分布についていえば、特に建設労働者協同組合の場合、ピエモンテ（州）、ロンバルディア（州）、エミリア（地方）に多かった。(原注3)

一八九〇年代初頭、イタリアの協同組合運動はかなりの存在を誇っていた。一八八二の商法はその第一巻 第九編 第七章を協同組合に当てており、協同組合は法的認知を享受していた。

この商法は協同組合企業を事業遂行の面では匿名会社と同様なものとみなしているが、少なくとも基本的な部分については(原注4)、協同組合に特殊性を認めている。すなわち「一人一票」の原則にもとづく組合員総会の民主的運営、組合員一人当たりの出資金保有割合の制限、協同組合の登記料およびその証紙料の免除、がそれである(原注5)。

(2)「協同組合全国連合」の成立（一八八六年）

一八八五年に四八九六の協同組合が稼働していたという事実のなかに協同組合現象の成長を見てとることができる。実際、この時期に協同組合は量的にも質的にも見るべき発展をとげた。

イタリアの産業発展が本格的にはじまったこの時期に、すなわちジョリッティ時代（一九〇一～一九一四年）(訳注10)の自由主義の時期に、協同組合は地域別・業種別の連合体を形成して組織的整備をはじめた。

協同組合の発展を後押ししたのは、政治的・社会的環境の変化であった。ジョリッティは、労働運動の陣営、改良主義的社会主義者たち、協同組合運動の指導部および実践者たちとの対話をとおして社会勢力への接近を図った（協同組合運動の指導者としては、バルディーニ、コスタ(訳注11)、ヴェルニャーニ(訳注12)、プランポリーニ(訳注13)等、社会主義出自の協同組合運動の生みの親とされる人びとを想起することができる）。

こうした人びとの努力のおかげで協同組合運動は、一八八六年には全国規模の組織化に成功し、運動の中央調整機関としての「協同組合全国連合」（Federazione nazionale delle cooperative）を設立した。これが一八九三年には「イタリア協同組合全国連盟」（Lega nazionale delle società cooperative italiane）に改編された(原注6)。この「連合」には直ちに一四七団体が加盟したが、その大部分は消費協同組合および生産・労働協同組合であり、その個人組合員総数は七万四〇〇〇人であった。連盟議長にはヴィガノーが選出された。

この協同組合の全国組織という代表組織のなかにはさまざまな考えや傾向がみられた。もっとも有力だったのは社会主義的傾向の人びとであったが、彼らは、当初は重く用いられたわけではなかった。彼らが実質的な地位を強めたことによって一九九八年にはそれまで連盟で採られた方針に異議をとなえる何人かの指導者たちが脱退したにしても、指導部の状況は著しく変化したわけではなかった。しかしこの代表組織たる「連盟」のなかで社会党(訳注14)が優越的なことはますます明白になっていった。すなわち社会党は、とくに消費協同組合、生産・労働協同組合、農業労働者協同組合を支配していた。一八九九年の加盟組合三四五、組合員二二万七〇五三人のなかで、信用関連組合（民衆銀行、農村金庫）や共済組合はわずかな部分を占めるにすぎなかった。(原注7)

カトリック運動も自らの独自の協同組合組織を設立しはじめる。十九世紀の八〇年代から九〇年代にかけて、とくに農村地域で、そして南部よりも北部においてカトリック運動の興隆がみられた。この動きを先導した人びととしては、ドン・ルイージ・ストゥルツォ、(訳注15)ドン・ルイージ・チェルッティ、(訳注16)エルコレ・キーリ、(訳注17)アンブロージョ・ポルタルッピ、(訳注18)ニコロ・レッツァーラ等がおり、(訳注19)そしてトレント地方（当時はまだイタリア領ではなくハプスグルク帝国領であった）(訳注20)ではドン・ロレンツォ・グエッティがいた。(訳注21)

一八九一年の教皇回勅「新しき事がらについて」（レールム・ノヴァールム）(訳注22)は、とりわけ「農村協同組合」の設立をもって信用協同組合の発展に、強い刺激をあたえた。一八九二年には、ヴェネト州（ヴェネツィア県ミーラ町）のガンバラーレにおいてドン・ルイージ・チェルッティの尽力により最初のカトリック系農村金庫が設立された。

農村金庫は十九世紀末から二十世紀初頭にかけて急増し、ついには九〇四件に達したが、そのなかでの勢力関係は明白で、七七九件がカトリック系であり、わずか一二五件が自由主義系または中立系であった。(原注8)さらに一九一五年においても、カトリック系は二〇〇二件、中立系が二九九件、その他が二九三件であり、総計二五九四件であったが、その地域的分布を多い順にみると、ヴェネト、エミリア、ロマーニャ、シチリア、ロンバルディア、ピエモンテとなっている。(原注9)一八九六年は、「イタリア・カトリック農村金庫・中央金庫」(訳注23)がパルマに設立されたが、これは全農村金庫の調整と補償を任務とする機関であった。(原注10)

協同組合運動が国際的規模で構築した関係性も注目すべきである。すなわち一八九五年八月、ロンドンにおいて「国際協同組合同盟」(ICA)が結成された。その暫定中央委員会にはイタリアの有力な指導者も入っていた。「連盟」の創立者たるルッツァッティと同じく「連盟」の指導部の一人たるエーネア・カヴァリエーリ(訳注24)である。同盟の結成は、国際的なさまざまな経験を共有する重要な手段となった。

(3) 協同組合の地理学

イタリアの協同組合の地域的分布を、すなわち「協同組合の地理」ともいうべきことがらを一瞥しておきたい。

すでに指摘されているように、(原注11)協同組合が着実に広まった地域は、一人あたりの社会サービス支出の水準が高い地域、文化的・制度的基盤が定着している地域と一致している。こうした地域では、慈善事業・共済組織・地域的助け合いの施策等々の非営利の創意により社会的結びつきが強固になっており、地域行政が活気を帯びている。そこでは、人的資本および社会的資本に厚みがある、すなわち仕事の網の目が濃密である。

こうしたことは、次のような確信をみちびく。すなわち、協同組合が定着するためには、協同組合を受容する物質的基盤というよりもむしろ文化的・市民的基盤が必要だ、ということである。こうした意味において、ロンバルディア、ピエモンテ、ヴェネト、エミーリア、トスカーナは強みをもつ地域であった。それぞれの地域の協同組合の出発点や方向性は当然のことながら異なるものであったが。

南部イタリアでは、シチリアを別にすれば協同組合の普及は概して稀薄であった。シチリアでは、信用協同組合が強固であり、その旗手は人民党創立者のドン・ルイージ・ストゥルツォであった。協同組合という現象が脆弱かつ疎らであった南部は、協同組合の発展という面からすれば、弱い環であった。

ここで公的手段に導かれる協同組合の形成というテーマがもちあがる。これは下から支えられる自主的な発展という考えに対立する。イタリアの協同組合人をなんら非難することではないが、協同組合法制が協同組合現象を促進した、あるいは少なくとも力づけたということはあきらかである。すなわちイタリアでは一九〇四～一九一〇年の間に、優に一二の法的措置が協同組合のためにとられた。とくに協同組合に公共事業への参入を促す法制が採用された（たとえば一九一一年二月十二日の国王令第二七八号）という点で、この期間は協同組合法制の豊かな時期であった。

多くの協同組合は、法規に則った運営を実行するために複雑な組織構造を備えた。公共事業にかかる法制に盛り込まれた規定にしたがうために、県単位連合が設立され、一九一二年には一次組織たるおよそ二万二〇〇〇組合を統合する約二〇〇の連合体があった。

第二節　第一次大戦からファシズムまで

(1)　思想潮流、大連合体

第一次大戦中、戦時経済が人びとにゆゆしき影を落としたにもかかわらず、協同組合運動はさらに成長した。協同組合は、一九一五年の登記数が七四二九に対し、一九一八年には八七六四に達した。この時期には協同組合の二つの流れが伸びた。一つは生産・労働分野の協同組合、もう一つは消費分野の協同組合であり、どちらも大部分が公的手段の需要のお蔭であった。それは言ってみれば人工的な成長であった。その二つの分野の協同組合の拡大は国家の補助に、すなわち労働協同組合への国家の戦時需要の割当に依存していた。それはまた、物価を統制し投機行為の横行を抑える力を消費協同組合が備えていたことから、消費協同組合に対する地方行政の好意的態度とも関連があった。消費協同組合は物価高騰に直面した政府の食糧配給政策をささえる有力な手段の一つであった。

第一次大戦の終戦直後、「協同組合全国連盟」（Lega nazionale delle società cooperative）は社会党の改良主義派と明確な共生関係にあった。(原注12)一九二〇年、連盟はおよそ八〇〇〇の単協、総計約二〇〇万人の組合員を擁していた。しかしこの連盟の独占が崩れることになる。

一九一八年四月十三日、カトリック系の協同組合のさまざまな結合体を調整すべくあらたな全国組織たる「イタリア協同組合総連合」（Confederazione delle cooperative italiane）が誕生した。(原注13)この組織は、ドン・ストゥルツォが一九一九年一月に設立する「人民党」（Partito popolare）の誕生と同時性を保つよう一九一八年に誕生したが、その正式な発足は一九二一年に実現された(原注14)。この組織の初代書記長はエルコレ・キーリであり、組織構成は七三六五組合、その内、三〇〇〇余が消費協同組合、二〇〇〇余が農村金庫であった。この組織には、その後まもなくイタリア領となるジューリア地方、トレント地方、アルト・アーディジェ地方(訳注25)の協同組合も含まれていた。この組織は新設の人民党と手をたずさえて動いた。人民党の責任者がしばしば協同組合の責任者であったり、その逆であったりということがおこった。

「協同組合全国連盟」および「イタリア協同組合総連合」と並んで別の協同組合代表組織も誕生した。第一次大戦の前線から帰還した兵士たちを中心とする人びとのあいだで一九二〇年に「協同組合イタリア連合」(Federazione italiana delle coopeartive)が生まれ、その先頭に立ったのは、ナショナリストにして反社会主義者のラバデッサ(訳注26)であった。さらには「労働イタリア連合」(UIdL/ Unione italiana del lavoro)のなかから一九一九年に生まれた「協同組合全国連合」(Sindacato nazionale delle cooperative)があり、その頭目は、共和主義思想からファシズムに転換したカルロ・バッツィ(Carlo Bazzi)であった。またロマーニャ地方を拠点に一九二二年に設立された「イタリア協同組合同盟」(Alleanza cooperativa italiana)は明確な共和主義的指向を有していた。これらに加えて「ファシズム協同組合イタリア連合」(Sindacato italiano delle cooperative fasciste)があり、その指導者はポスティリオーネ(訳注27)であった(原注15)。

(2) 暗黒の時代

協同組合運動は、第一次大戦直後の困難な時期を乗り越えようとしていたとき、深刻な国際的経済危機におそわれた。それは一九二一年であった。消費の停滞によって物価は下がった。それはあらゆる業種の協同組合（消費協同組合、生産協同組合、農業協同組合、信用協同組合）に否定的な影をおとした。

協同組合運動にとって暗黒の時代が迫っていた。イタリア総体に暗黒の時代が迫っていた。原因は経済危機のみではなかった。ファシズムは協同組合の経験にも容赦しなかった。ファシズムは、ファシスト行動部隊による暴力と権利の蹂躙、報道機関をとおしての悪質な中傷誹謗等々により協同組合運動の自由な活動を圧殺し、その生気と活力を無にした。協同組合人は暴行を受け、協同組合の事務所、建物、集会場が占領されてしまった。（原注16）

一九二三〜一九二五年にかけて「ファシズム協同組合イタリア連合」は、帰還兵を主力とする「協同組合イタリア連合」およびカルロ・バッツィの「協同組合全国連合」を吸収し、「ファシズム・イタリア連合」（Sindacato italiano fascista）と改称した。ファシズムの手による無慈悲な鉄拳は「協同組合全国連盟」の上に振り下ろされ、一九二五年十一月に強制解散させられた。その後まもなく、カトリック出自の「イタリア協同組合総連合」にも攻撃がおよび、これまた解体された。そしてその他の協同組合団体にも同じ運命が待っていた。

ファシスト行動部隊がカトリック協同組合および社会主義的協同組合にむけた攻撃の高まりはついにファシズム体制に同調する指導者を協同組合のなかに配置し、「ファシズム協調組合国家」の構造のなかに協同組合を組み入れた。（原注17）こうして協同組合運動のファシズム化がはじまり、協同組合はファシズム体制の庇護のもとに制度に組み入れられた。

ファシズム体制は、「農村金庫」については、これを他の協同組合から引き離し、別の流れのなかに置いた。すなわち農村金庫は協同組合ではなくして銀行とみなされ、農村金庫と協同組合は別の二つの系統に分けられた。一九二六年四月三日の法律第五六三号は、農村金庫を「信用・保険機関ファシズム総連合」(Cofederazione fascista delle aziende di credito e delle assicurazione) のもとに置いた。さまざまな業種の協同組合が備えた扶助・振興・調整の機能は、同じく一九二六年に（一九二六年十二月三十日の王勅令第二二八八号をもって）「全国協同組合営団」（ENC／Ente nazionale della cooperazione）の手に委ねられた。この「全国協同組合営団」は一九三一年には公法上の公団として認知され、協調組合省（Ministero delle Corporazioni）の直接管轄下におかれた。ここにおいて協同組合の私法上の性格は消え失せた。名称も「ファシズム全国協同組合営団」(Ente nazionale fascista della cooperazione) と変えられ、頭文字も「ENFC」となった。(原注18)

協同組合は〝不本意ながら〟自由な自己表現と反論能力を放棄せざるをえなくなった。しかし最新の歴史研究から新しい地平が表われてきている。すなわち協同組合運動は、労働運動とは違って、全面的に圧殺されたわけではなかった。初期の暴力的局面の後、ファシズムは協同組合運動を〝正常化〟しようと試みた。すなわちかつてのファシズム以前の何人かの自由主義的指導者たちを協同組合のなかに取り込んだ。しかしこれは協同組合の存在を認める試みにすぎなかった。これを指摘している研究によれば、(原注19)ファシズムは協同組合にかかる制度革新を、すなわちその新たな提唱を放棄した。要するに協同組合思想を放擲し、協同組合に固有な理論的価値そしてその理想とモデルとしての価値を否認したのである。確かにファシズムのもとでも協同組合にある種の余地が保証された。だが協同組合も協調組合国家の階位制度のなかに組み込まれた。それは、いうなれば、非行を大目に見て「なんとなく生かしておく」現象であった。

もちろん複雑な現実を単純化してはならない。いくつかの発意が強まり、またその他の発意等が合体して成長し、見るべき現象に達したものもあった。

ファシズムのもとでの協同組合は抑圧されたが、少なくとも統計的観点からすれば消滅させられたわけではなく、それなりの場に配置された。〝協同組合の付加価値〟形成の領域で各業種が占める比重が変わったのであった。

(3) 業種と地域分布

要約するならば、ファシズムの二十年間において協同組合の業種間で次のような変化がおこった。信用協同組合、生産・労働協同組合、消費協同組合の分野では、成長の極端な鈍化がみられた。農産物加工協同組合の場合は、ある程度ファシズム体制の自給政策のおかげで有利な局面を経験した。生産・労働協同組合は、その社会主義的経験と結びついた伝統のゆえに、もっとも激しい攻撃にさらされて著しい低落をこうむった。

一九三〇年代に入ると、失業の蔓延に対処すべく方策として新たな公共事業が協同組合に委ねられたことから、生産・労働協同組合の比重もふたたび盛り返した。それはなんらかの偉業によるものではない。一九三八年の調査によれば、製造業の生産・労働協同組合が一二四一存在しており、それは建設業、機械業、金属加工部門、木材加工業においてさかんであった。そこでは六万人の組合員が働き、主としてエミリア地方、トスカーナ州の〝いくつかの地点〟、ラーツィオ州に分布し、南部イタリアにはほとんど存在しなかった。

一九二七～一九四〇年の期間、農産物加工・保存・販売部門、牛乳・乳製品部門、ブドウおよびワイン部門の協同組合が大きく躍進し、果実部門の協同組合は停滞した。一九二七年には畜産分野の協同組合、製粉水車運営協同組合、ワイン醸造協同組合、乳製品協同組合等が三〇五〇存在した。一九三九年にはさらなる飛躍があった。すなわち三五一四組合のうち、牛乳・乳製品部門に三二二五組合、ワイン部門に一七六組合、食用油部門に二六組合、製粉水車部門に二一組合、繭乾燥部門に六六組合が分布していた。(原注20)

信用協同組合は、世界的大恐慌の影響を受け、ファシズム体制の側からの妨害をこうむった。農村金庫の件数は著しく減少した。最も深刻だったのは、ライファイゼン系の信用協同組合の牙城とみなされていたトレント地方およびアルト・アーディジェ地方であった。(原注21) 一九四三年にファシズムが崩壊したとき、イタリア全土で八六一の「協同組合信用銀行」(banche di credito cooperativo) が記録されたが、これは一九二五年には二五四五行であった。

農業労働者協同組合は、ファシズム成立後の間もない時期に雪崩を打って瓦解した。一九二五年の統計によれば、この年、一二六の協同組合が約二万五〇〇〇ヘクタールの農地を耕作していたが、この耕作面積は四年前の六分の一にすぎなかった。

建設協同組合に対するファシズム体制の立場は、まったく寛大であった。建設協同組合は、急激な都市化を経験した大都市での住宅需要に順応し、サラリーマン層の「持家」願望の恩恵に浴した。

消費協同組合は一九二七年にはENC(全国協同組合営団)のなかでもっとも大きな勢力であったが、一九二九年の恐慌につづく大不況を経て弱体化し、きわめてわずかな勢力に落ちぶれてしまった。一九三八年における消費協同組合は三〇〇〇組合、組合員約六〇万人であるが、一九二〇年には全国に(ほとんどは北部に集中していたが)七〇〇〇組合が稼働していたことからすれば、半分以下となっていた。(原注22) 消費協同組合の分野には他の協同組合分野に比べてファシズム体制が加えた特徴が認められる。特徴の一つとして挙げられるのは、一九二七年に「中央供給営団」（ＥＣＡ／Ente centrale approvvigionamenti）の設立である（一九三八年以降は「イタリア協同組合供給営団」ＥＩＣＡ／Ente italiano cooperativo approvvigionamenti と改称された）。これは、営業上の目的をおびた一種の中央購買部であるが、消費協同組合部門全体の調整部でもあった。実際のところそれは状況から強いられた組織であり、論理的合理性を有しながらも草創期における制約と不確定要因をはらんでいた。

協同組合法制について言えば、一九四二年の民法典の第五編第六章第一節の規定（第二五一一条〜第二五四五条）は曖昧なものである。(原注23) 過去のそれとのある種の相違、とりわけ一八八二年の商法との相違は確かに明確に存在する。その規定は協同組合に独自な空間を付与しており、伝統的な一般企業の規定から協同組合を区別している。にもかかわらず協同組合にとっての多くの制約が存在する。すなわち株式会社の規定に準ずる部分が多く、相互扶助目的にかかる明確な規定がないがしろにされており、協同組合像の基本的輪郭を浮かび上がらせる観点、営利企業から協同組合を区別する観点が稀薄である。

第三節　第二次大戦後

(1)　統一の試みとその失敗

一九四五年四月、ナチス＝ファシズムからの解放が実現し、協同組合を再興する基盤が生じたが、それがただちに意識されたわけではなかった。

左翼諸勢力は「ファシズム全国協同組合営団」の残骸に依拠して協同組合の統一的代表組織を再興する課題を提起し、そのコミッショナーとして社会党のドゥゴーニ[訳注28]が指名された。この協同組合の統一的代表組織を再興するという動きに対するカトリック勢力の側の反応は、ファシズム到来に際して「協同組合全国連盟」におこった事態に鑑みて、左翼の側が協同組合運動にヘゲモニーを行使する動きだ、というものであった。また、時間の経過にもかかわらず協同組合運動内の理念、立場の相違は解消されなかった。すなわち労働者協同組合、建設協同組合、農業労働者協同組合は社会主義的傾向を示し、他方、自営農民協同組合、小手工業者協同組合、都市商業協同組合はカトリック的感覚を示していた。かつてのように同じ家の中に一同が会するという目論見は三カ月も続かなかった。

一九四五年五月十五日（最近のいくつかの研究によれば[原注24]、これは四月二十三日ともいわれるが）、教皇回勅「新しき事がらについて」（レールム・ノヴァールム）発布（一八九一年五月十五日）の記念日に、キリスト教民主党系の人びとの手で――一九一九年に設立された組織を引き継ぐべく――「イタリア協同組合総連合」（Confederazione cooperativa italiana）がローマにおいて再建された。その後まもなく九月三日、左翼諸勢力（共和党、社会党、共産党）に結びつく協同組合の組織たる「協同組合・共済組合全国連盟」（Lega nazionale delle cooperative e mutue）が再建された[原注25]。〔以下、Legaを「レーガコープ」、Confederazioneを「コンフコーペラティーヴェ」とする――本書「はじめに」の訳注8参照〕

一九五二年には新たな組織分裂がおこる。すなわちレーガコープが改良主義的方向性を放棄して、ますます社会党・共産党の立場に接近した。共和党および社会民主党の人びとはレーガコープを離れて、第三の独自の全国組織として「イタリア協同組合総連合会」（ＡＧＣＩ／Associazione generale delle cooperative italiane）を結成した。またコンフコーペラティーヴェの内部でも亀裂が生じ、一九七一年に「イタリア協同組合全国連合」（訳注29）（ＵＮＣＩ／Unione nazionale cooperative italilane）が誕生したが、その主唱者はフランコ・フォスキであり、彼は［キリスト教民主党左派の指導者たる］カルロ・ドナ＝カテン（訳注30）の支持を得ていた。ＵＮＣＩは一九七五年に時の労働・社会保障相たるドナ＝カテンによって、公式に代表権を有するナショナルセンターとして承認された（原注26）。

こうした各ナショナルセンター内部の状況、そこに刻印された諸問題、指導部の動き、各組織が関係する政党にかかわる領域でのさまざまな動き、等々はきわめて興味深い事柄ではあるが、そうした事柄に立ち入ることは本書の目的から逸脱するため、そうした側面については、もっとも重要な二大ナショナルセンターに関する研究に委ねられねばならない（原注27）。

ここではいくつかの面での制度的事柄について触れるにとどめる。それはどれも一九四〇年代に国内、国際面で起こったことである。一九四八年には、レーガコープとコンフコーペラティーヴェが「協同組合運動を保護・援護し、運動の代表権を有する全国組織」として承認された。同年、コンフコーペラティーヴェはＩＣＡに加盟した。

法制面では重要な事柄が記録された。［一九四七年に発布され翌年から発効したイタリア共和国］憲法の第四五条は、協同組合について次のように触れている。「共和国は、相互扶助の性格を有し、私的投機を目的としない協同組合の社会的機能を承認する。適切な手段で協同組合の増加を推進し助成し、適当な監督により、その性格と目的を確保することは、法律で定める（訳注31）。」

協同組合にかかる戦後最初の統合的法令は、いわゆる「バセーヴィ法」（D.lgs.C.P.S. 14 dicembre 1947, n.1577）[原注28]として現われた。この法律はその後いくつかの改正を蒙ったが、現在でも協同組合法制の骨格をなしており、それはとりわけ協同組合に対する監督制度について言えることである。

(2) 流れの浮き沈み

協同組合の進展、そのあらゆる基本的諸側面を考えてみるに、第二次大戦後からこんにちまでの協同組合の動向の基本線を描くことはきわめて難しく、とくにその量的・質的研究の不足からして困難である。そして今ようやく――けっして容易なことではないが――その克服がはじまっている。[原注29]その協同組合史研究のもっとも大きな制約は、多くの場合、資料の信憑性が薄い、ということにある。[原注30]ようやく最近になってボローニャ大学が信頼できる資料に依拠した粘り強く辛抱強い作業を開始した。協同組合現象の実態は、「株式会社および有限責任会社登記簿」（BUSARL）――ここに協同組合の情報も盛り込まれている――に登録された協同組合の事業報告を基に再構成が可能である。データベースは目下準備中であるが、ベンチマークとされる一九五一年と一九八一年については利用が可能である。[原注31]

以下、ここでは「国立統計局」（ISTAT）の諸種の調査に依拠して協同組合の発展の軌跡をたどってみよう。国立統計局の調査は重要かつ精緻なものであり、協同組合に関しては一九七一年以降のそれが信頼できるものとされている。協同組合の事業報告にもとづく調査によれば、協同組合陣営は一九五一年までに戦前の力を回復しており、そして一九七一年までは難しい動きが示されており、それ以降の三十年間は繁栄があり、とくに九〇年代以降は急激な増加が記録された。こうした時代ごとの様子を表1によって詳細に見てみよう。

一九四五〜一九五一年の期間、「協同組合の狂喜」が語られた。それは、しばしば合理性を欠く、地域によりばらばらで小さなものであったが、協同組合という新たな連帯形式の高揚、繁栄を意味していた。一九五一年、当時のあらたな「株式会社および有限責任会社登記簿」によればイタリア全国で一万三六五八組合が存在したが、事業報告にもとづく調査によれば実際に稼働していたのは一万七八二組合であった。この数字は一九三〇年代のそれと大差はなく、したがって「狂喜」と言うのは行き過ぎであろう。

　事業分野別にみれば、一九五一年の数字はイタリアの経済的・社会的再建という戦後直後の雰囲気を示している。その頂点には消費協同組合（そこには小さな娯楽サークルも含まれるが）があった。それに続いて、戦争中に破壊あるいは損傷された建物の再建に取り組む住宅建設協同組合があった。住宅建設協同組合は、一九四八〜一九五〇年に採択された実効的な法的支援があった。すなわちトゥピーニの名を冠した四つの政令（訳注32）、ファンファーニ計画（住宅計画ともいわれた）（訳注33）、大衆的住宅・協同組合住宅を優遇するさまざまな措置、等々があった。

　農業関係では、いくつかの分野に協同組合が拡大され、成果をおさめた。それは、土地所有農民が共同して耕作を営む協同組合、それに農業労働者協同組合、農産物の加工と販売を営む農産物加工協同組合、などである。

　一九五一〜一九七一年の期間には、協同組合陣営にとって必ずしも好ましくない傾向が、すなわちある種の停滞の傾向が記録された。ある分野では進歩があったが、別の分野では横ばい状態、といった傾向である。こうした停滞をひきおこした原因は種々あるが、真っ先に挙げるべきは、イデオロギー的性格のものであり、それは他にも増してレーガコープについて言えることである。資本主義経済を克服しうる手段

表1　協同組合と一般企業の比較（1951～2001年）

	1951	1961	1971	1981	1991	2001
協同組合数	10,782	12,229	10,744	19,900	35,646	53,393
協同組合従業員数	137,885	192,008	207,477	362,435	584,322	935,239
全企業数	1,504,027	1,938,724	2,236,044	2,847,313	3,361,634	4,319,198
全企業従業員数	6,781,092	9,463,457	11,077,533	13,001,187	14,852,198	16,201,431
協同組合数／全企業数（%）	0.7	0.6	0.5	0.7	1.1	1.2
協同組合従業員数／全企業従業員数（%）	2.0	2.0	1.9	2.8	3.9	5.8

（出典：国立統計局〔ISTAT〕の諸統計より作成）

として協同組合を位置づける立場は、事実上協同組合の経営的革新を阻害した。さらに、その立場は、新しい財務・経営技法に付いていくことができなかった。それに伴い、財政的手段の不足以上に人的資源の慢性的不足がみられた。(原注32)

こうした時の流れの中に経済的ブームが訪れた。経済的ブームは、製鉄・機械産業と自動車産業の連結の上に立った工業部門が「沸騰」した時代であった。それにこの部門は、明らかに協同組合形式をもってしては運営しえない、高度な資本集約的分野であった。

次の十年間（一九七一～一九八一年）には、協同組合企業の飛躍がみられる。それは国立統計局のデータによっても明白である。すなわち一九七一年の一万七四四組合に対し、一九八一年には一万九九〇〇組合が記録された。そしてこれよりもはるかに多い組合の存在を指摘しているのは、「株式会社および有限責任会社登記簿」が提供する情報に依拠して作成された新資料であり、それによれば一九八一年には五万三七〇〇組合が存在していた。(原注33)

この期間、特に積極的な動きを記録したのは商業関係の部

表２　業種別の協同組合数・従業員数（1971 ～ 2001 年）

経済分野	協同組合数 1971	従業員数 1971	協同組合数 1981	従業員数 1981	協同組合数 1991	従業員数 1991	協同組合数 2001	従業員数 2001
農業 漁業	994	32,660	1,662	33,795	1,662	27,948	3,116	36,917
建設業	768	32,168	2,138	58,811	2,138	61,654	10,878	57,796
製造業	3,558	44,213	6,170	90,355	6,170	112,762	5,319	85,815
商業	2,718	25,386	3,475	44,078	3,475	83,611	3,553	74,047
その他の第三次産業	2,706	73,050	6,455	135,396	6,455	270,837	24,853	531,517
合計	*10,744*	*207,477*	*19,900*	*362,435*	*34,353*	*556,812*	*47,719*	*786,092*

*1991 年に成立した社会協同組合はこの表に含まれていない。したがって表 1 と表 2 の 1991 年および 2001 年の協同組合総数は一致しない。
（出典：国立統計局〔ISTAT〕の諸統計より作成）

門の協同組合であり、とりわけ消費の増大が協同組合企業の平均的規模を高めた。農業部門の協同組合は土地耕作経営との結びつきは弱くなり、農産物加工業との結びつきがますます強まった。建設部門の協同組合はめざましい普及をとげた。

一九九〇年代、協同組合は偉業ともいえる成果をあげた。データの数字をみれば明らかなように、協同組合における雇用の増大は、他の一般企業の数値をはるかにこえている。

すでに一九七〇年代において（おそらくはそれ以前から）、協同組合事業においては二つの定常的現象がみられた。第一は、新しい協同組合がかつては未知の分野に突然現われ、新たな雰囲気と変貌を重ねていることである。第二は、統合、吸収、組織再編等々をつうじて協同組合企業の平均的規模が大きくなっていることである。

一九九一年から二〇〇一年のあいだに、協同組合数は三万五六四六から五万三三九三へと成長しており（表1）、これは四九・八％の増加である。この間に最もめざましく伸長した社会協同組合を除いてみるならば、この変化は三万四三五三から四万七七一九であり、これは三八・九％の増加である（表2）。同じ期間、経済界全体の従業員数は七・八％の増加であったのに対し、社会協同組合を除く協同組合の従業員数は四一％増加した（表2）。

二〇〇一年の調査によれば、イタリア全体の企業数に占める協同組合企業数の割合は一・二％であり、従業員数の割合は約五％である。近年の変動を通観するための唯一のデータは「商工会議所」の「企業登記簿」(訳注34)であり、これによれば、二〇〇七年の登録協同組合数は一四万八九一六であり(原注34)、その内、業種別登録がなされているのは一一万一八〇〇組合であるが、さらにこの内、事業報告を提出している組合はおよそ半数とみられており、これが実質的な稼働協同組合数とみなされている。

第四節　業種別協同組合

(1)　第三次産業、活況を呈する業種

第三次産業すなわち〝サービス業〟が突出している。それは協同組合企業数および従業員数において顕著である。二〇〇一年についてみると、協同組合陣営のなかでこの業種は、企業数の五二％、従業員数の六七％を占めている。この数字は、一九七一年においては、それぞれ二五％と三五％であった（表2）。そして経済全体のなかで見れば、二〇〇一年においてサービス業の全企業のなかでの協同組合企業数の割合は一・四％であり、その従業員数の割合は九％である（表3）。

協同組合は特に「ファシリティ・マネジメント(訳注35)」の面で見るべき結果をだしている。それは、運送業、外食産業、清掃業、引越業、荷物移送業、情報産業、文化部門、観光業、環境保全業等々の部門において

顕著である。最も大きな協同組合はボローニャ市の病院内清掃および廃棄物処理の専門協同組合たる「マヌテンコープ」(訳注36)（Manutencoop）であり、この組合は一つの「協同組合グループ」(訳注37)を形成している。外食産業部門では、巨大資本と競合しうるほどの見るべき規模を誇る「カムスト」（la Camst-la Ristorazione Italiana）を挙げることができる。カムストは中部および北部に広く根を張っており、ビュッフェ、ケイタ－リング、会社・病院・学校への給食サービス、を運営している。

調査統計は金融的資金調達事業を第三次産業に区分しており、「協同組合信用銀行」（ＢＣＣ／Banche di credito cooperativo）はその中に数えられている。二〇〇一年の調査は、この分野で稼働中の協同組合が一九九一年および一九七一年と比較して少なくなっている、と指摘している。その理由はこの分野自体が後退したからではなく、合併・吸収・合理化の結果とされている。従業員数についてみると、二〇〇一年には増加している。すなわち一九七一年が二万一八七七人、一九八一年が四万五〇五〇人、一九九一年が七万三九二九人であるのに対し、二〇〇一年は八万三〇六九人となっている。「協同組合信用銀行」は件数からすれば、協同組合全体のなかで二％に過ぎないが、従業員数からすれば一一％を占めている。

(2) 信用と保険

金融的資金調達事業部門の内部での「協同組合信用銀行」は重要な位置を占めている。この部門の法制的変遷、その内的区分を取り急ぎ検討してみよう。一九三七年の銀行業法典のうち農村金庫および手工業金庫にかかる条文が一九五五年に改正された。改正された新しい法は、農村金庫および手工業金庫を無限責任制または有限責任制または補助的責任制（子会社銀行）と規定し、この種の金庫が分野と地域を限定して相互扶助原則を適用しうる、としている。そしてその組合員も多数派は農民あるいは手工業者でなければならない、としている。この種の金庫の営業地域は限定され、非組合員からの預金額は全体の二五％を超えてはならない、とされた。

一九九三年の銀行業法典は、状況を根本的に一変させた。「農村金庫」（cassa rurale）は「協同組合信用銀行」（banca di credito cooperativo）と改称され、農村金庫とは異なる銀行と提携できるようになり、そして旧金庫の登記地の地域を越えて他の市町村でも営業できることになった。しかし実際のところこの協同組合信用銀行は小規模のさまざまな形式の私的資本の銀行であり、業務的・政治的代理機能から享受できる便宜を活用しつつも小規模信用をめざしている。

こんにち農村金庫が協同組合信用銀行というシステムにまで高められた過程はいくつかの段階があった。すなわち一九五〇年には「イタリア農村・手工業金庫連盟」（フェデルカッセ＝Federcasse／Federazione italiana delle casse rurali e artigiane）が結成されたが、これは地域で（広くとも州の範囲で）根を張り活動する農村・手工業金庫の政治的・経済的代理組織であった。そして一九六七年になると、従前より「キリスト教社会派」の影響下にあったフェデルカッセは、正式にコンフコーペラティーヴェの陣営に入った。その数年前の一九六三年には、ローマで「農村・手工業金庫信用機構」（ICCREA／Istituto di credito delle casse rurali e artigiane）が設立されており、これは株式会社の形をとったが、金庫の中央機構であった。それは協同組合信用機関の補償金庫の役割を果たし、閉鎖後に黒字となった金庫や信用を求める金庫の関係を調整した。

「民衆銀行」のたどった軌跡はやや異なっていた。協同組合陣営のなかでの民衆銀行の「宿命」は確たるものではなかった。民衆銀行にかかる一九四八年の法律第一〇五号（legge 10 febbraio 1948, n.105）は、協同組合原則の内「一人一票制」の原則のみを保持していた。そこにおいて民衆銀行は有限責任信用機関と位置づけられており、組合員が拠出する資本の最高限度額が定められていた。この法律は、民衆銀行の相互扶助性や税制優遇を予定しておらず、民衆銀行は税制優遇の埒外におかれた。民衆銀行には「加入の自由」の原則の遵守も求められなかった。民衆銀行は、とくに一九七〇年代以降めざましい成長をとげ、一説によれば件数は減少したが規模は拡大したという。いくつかの民衆銀行は著しい規模を誇っている。一九九三年における民衆銀行の総数は一〇一であった。（原注35）現在、民衆銀行はややむずかしい状況に直面している。すなわち営利目的と協同組合的目的という両極のあいだで均衡を保つべく確固たる特徴を見出さねばならない。このことは、民衆銀行の一つとして「倫理銀行」〔第一章訳注12参照〕という理想が打ち上げられたにもかかわらず、断言されねばならない。つまりイタリアで最初の「倫理的ファイナンス」の経験として、一九九九年に二二のボランティア団体および第三セクター団体によって倫理銀行が設立され、この銀行は民衆銀行の形式をとっていたにもかかわらず、民衆銀行総体としては、この断言がなされねばならない。この倫理銀行の目的は、環境および社会的諸権利を尊重する経済領域に利点をあたえるという原則に立って、環境・文化問題の分野での社会的経済の企画、国際的ボランティアの企画、市民社会の企画を支援し――特にマイクロ・クレジットをとおして――融資することである。（原注36）

信用部門とならぶ領域に保険部門がある。協同組合運動に関連する重要な保険会社は二つあり、どちらもイタリア保険会社の十指に数えられる。すなわち一つはレーガコープの影響下にあるウニポール・グループ〔本書「はじめに」の訳注12参照〕であり、他はコンフコーペラティーヴェの系列にある「カトリック

表３　協同組合企業数・従業員数の全企業の中での割合（1991～2001年）

経済分野	企業数 1991年	従業員数 1991年	企業数 2001年	従業員数 2001年
農業、漁業	5.6%	28.9%	9.1%	37.3%
建設業	1.5%	4.6%	2.1%	3.8%
製造業	1.2%	2.1%	1.0%	1.7%
商業	0.6%	2.6%	0.3%	2.4%
その他の第三次産業	1.3%	6.1%	1.4%	9.0%
合計	*1.0%*	*3.8%*	*1.2%*	*5.0%*

社会協同組合はこの表に含まれていない
（出典：国立統計局〔ISTAT〕の諸統計より作成）

保険会社」（Società cattolica di assicurazioni）である。前者は一九六三年に設立された巨大会社であり、後者は一八九六年にヴェローナで設立された伝統ある会社である。

(3)　大規模流通のリーダー

二〇〇一年の協同組合事業全体のなかで、商業は企業数において七・四％を占めており、また従業員数においては九・四％を占めている（表２）。協同組合陣営は、国の商業全体のなかで〇・三％しか占めていない（この点は肝に銘じなければならないが）にもかかわらず、従業員数においては二・四％を占めている（表３）。

商業部門の協同組合企業の規模は、経済全体のなかでの平均企業規模よりも大きい（平均が二・六人に対し、二〇・八人）。協同組合は大規模流通のリーダーであり、とくにレーガコープは単独で［協同組合陣営小売部門の］三分の一を占めている。これは、「コープ」（Coop）という商標を有する消費者協同組合が、一九六七年以来「コープ・イタリア」（Coop Italia）という一大卸売機構の手で統合されて定着しているためである。また商業協同組合部門には、一九六二年に「コナッド」（Conad/ Consorzio Nazionale Dettaglianti）という商標のもとに設立された「小売業者協同組合連合会」もふくまれている。

こうした過程においては、大規模流通の時代が到来し、消費者と商品の直接的・直截的関係、パッキング・包装の重視、市民の生活・消費様式と習慣、将来設計の方法、等々の変化がつよく作用している。それは、「コープ」においてもこうした変化に対応したセルフサービス方式が導入され、自由な買い物が享受され、大衆的消費が勝利したのである。それは、さらに、需要の多様化であり、嗜好の変化であり、アメリカ式の買い物（一九五〇～六〇年代のアメリカで神話が形成され、スーパーマーケット、ハイパーマーケット、スーパーストアが出現した）到来であった(原注37)。

協同組合は［大量消費時代の］初期にはまったく準備を欠いていた。イタリアにおける最初のスーパーマーケットは、一九五七年にミラノで設立されたアメリカ資本とイタリア資本の合弁会社たる「イタリア・スーパーマーケット」（Supermarkets Italiani）であった（これは現在の「エッセ・ルンガ」の前身である）［第二章訳注2参照］が、こうした株式会社形式のスーパーマーケットとの突如とした競争において協同組合は後れをとった。協同組合は甚だしく後手に回ったが、後れを取り戻すことに成功した。協同組合はこの分野のリーダーとなった。大規模化は組合員の参加を保証するに苦労しており、その構造は時として協同組合の本質から逃れているように見える。

(4) 農業と協同組合／疑似共生

農業的産業についていえば、この分野は協同組合陣営の代表例とは言い難い。農業的産業分野の協同組合数はきわめて少なく、それは組合の合併の結果である。他の分野と比べて従業員数は最も少ない（表2）。

しかし農業経済全体のなかで見れば、二〇〇一年に農業協同組合は、第一次産業の全企業数の九・一%、全従業員数の三七・三%を占めており、協同組合としての産業に占める比重は大きい（表3）。言うなれば、イタリアは自らの農業、農産物、農産物加工品の競争力を高めるために、農業協同組合陣営を後押ししている。これはおそらく過去の遺産である。広く普及した協同組合形式に結集する小規模の直接耕作者営農家から構成される農業世界を理解するためには、一九五七年のローマ条約［欧州経済共同体設立条約[訳注38]］に、そして欧州経済共同体（ＥＥＣ）の誕生にまでさかのぼる。農産物産業および農産物加工業の分野の協同組合は、ますます国際的領域に開かれようとしていた市場での競争力を高めるのに貢献した。

この点については、イタリアでの有力な商標［としての協同組合企業］たる以下の企業を想起する必要があろう。それは、事業高九億ユーロを誇り、［二大ナショナルセンターたる］コンフコーペラティーヴェおよびレーガコープのどちらにも加盟している「グラナローロ・グループ」[訳注39]（Granlatte-Granarolo）、「合同協同組合醸造組合」[訳注40]（Cantine cooperative riunite）、「イタリア保存食品連合会」[訳注41]（Consorzio Conserve Italia）、テトラパック包装ワイン〝タヴェルネッロ〟の販売で有名な「カヴィーロ」（Caviro: 葡萄生産・葡萄酒造協同組合[訳注42]）、「カヴィット」（Cavit: トレント県醸造組合連合会[訳注43]）、スパークリングワイン「ロターリ」で名をはせた「メッザコローナ醸造組合[訳注44]」（Cantine Mezzacorona）等々である。[原注38]

(5) 建設業、製造業

建設業の協同組合部門は、たとえばラヴェンナ市のＣＭＣ（「煉瓦工・セメント工協同組合」Cooperativa muratori e cementisti）やカルピ市のＣＭＢ（「煉瓦工・日雇労働者協同組合」Cooperativa muratori e brac-

表4　全企業従業員数の中での協同組合従業員数の割合（地域別）
（1971～2001年）

（大地域）	（州）	1971年	1981年	1991年	2001年
北西部		1.1%	1.5%	2.4%	3.9%
	ロンバルディア	0.9%	1.4%	2.4%	3.8%
北東部		3.8%	4.7%	5.7%	6.8%
	トレンティーノ・アルト・アーディジェ	4.2%	3.9%	5.9%	6.2%
	エミリア・ロマーニャ	6.0%	7.9%	8.5%	9.8%
中部		1.4%	2.5%	3.1%	4.5%
	トスカーナ	2.2%	2.8%	4.3%	4.8%
	ラーツィオ	0.9%	2.2%	2.0%	4.4%
南部		2.2%	3.1%	4.9%	5.1%
	プーリア	3.3%	4.7%	5.8%	6.8%
	バジリカータ	2.9%	4.1%	7.5%	5.7%
島嶼部		2.6%	4.2%	5.9%	5.8%
	シチリア	2.2%	4.3%	6.1%	5.7%
	サルデーニャ	3.7%	4.0%	5.5%	6.1%
合計（全国平均）		*1.9%*	*2.8%*	*3.8%*	*5.0%*

（出典：国立統計局〔ISTAT〕の諸統計より作成）

cianti）などのようないくつかの大規模な協同組合が存在しているにしても、数多くの零細組合から構成されている。（原注39）

したがってその資料の読み方には注意が必要である。すなわち（表2）の統計によれば、二〇〇一年の協同組合総数のなかで建設業の組合数はほぼ二三%という高率を示し、これはサービス業に続いて第二位を占めている。しかし従業員数について見ると、全体の約七%にすぎない。レーガコープ内の「建設協同組合連合会」は二三〇組合、従業員二万人を擁し、年間事業高五〇億ユーロを誇っている。

製造業の統計を見ると、この分野では協同組合が脆弱であるが、発展も示している。食品産業に限定して見れば、二〇〇一年における食品産業協同組合企業数は、全食品産業企業数の一%を占め、従業員数では一・

七％を占めている（表3）。

生産・労働協同組合という形式に関連して協同組合を考察してみると、労働要因が支配的な場合は協同組合形式が理に適っていると言える。すなわち組合員労働者たちのあいだでの協力関係のゆえに、労働者が企業の所有者であり組合員であるかぎりにおいて、良好な結果が得られる。この協同組合的所有は、資本集約的生産においては、たとえば工業製品生産、家庭電化製品生産、鉄鋼業生産、等々においては理に適っているとは言いにくい。

協同組合はその本質からして、資本を惹きつけるに適していない。すなわち法および定款の規定に制約されて協同組合は、資本にふさわしい利潤をもたらすことができない。これは次の事実を説明してくれる。すなわち「一九五〇～六〇年代の」経済好況期において、経済の全般的傾向は、労働の科学的組織化およびフォード主義の波に押されて、工業への投資、工場とりわけ大規模工場の建設に向かった時期で、協同組合はほんのわずかしか成長しなかった。

第五節　協同組合発展地域と企業規模

協同組合企業の〝中心地域〟に関する統計からは、興味ある観察が引き出されよう。さまざまな指標（協同組合企業数、従業員数、事業高）およびその絶対的・相対的数字から引き出される結果を見るならば、協同組合が最も普及している地域について明白な（部分的には不明確な）描写をうることができる（表4）。

まず協同組合の伝統的牙城とされるエミリア・ロマーニャ州およびトレンティーノ・アルト・アーデ

表５　協同組合数および全企業数に対する割合（2007年）

	北西部	北東部	中部	南部	全国
協同組合数	23,510	14,281	20,879	53,130	111,800
協同組合数／全企業数	1.6%	1.2%	1.9%	2.8%	2.0%

（出典）Borzaga, Depedri, Bodini（2010）.

ィジェ州は依然として二〇〇一年にも従業員数において高率を示している（それぞれの州における全就業者数の九・八％と六・二％）。さらには新浮上地域ともいうべき、新たに協同組合が普及した地域としては、バジリカータ州、プーリア州、サルデーニャ州、があげられる。これら三州においては一九七〇〜二〇〇一年の間に伝統的な協同組合の著しい成長がみられ、然るべき人数の雇用が確保された。

発展という点ではロンバルディア州およびラーツィオ州を挙げることができる。両州はすでに見るべき成果をあげている（ロンバルディア州は全国で最も多い六七五九組合が存在しており、しかもこれは社会協同組合を除く数字である）ので、その発展は絶対数ではなく、比率面に見られる。両州では協同組合の普及は比較的低く、全企業数に対する協同組合数比率は全国平均の一・二％を下回っている。しかし両州における協同組合就業者数の全就業者に対する割合を見ると、協同組合の網の目が拡大していることが確認される。

重厚な研究(原注40)から引き出されていることであるが、もう一つの要点としては、北部イタリアと南部イタリアの顕著な違い、ということがあげられる。それはかつてのような協同組合の存在の濃淡という相違ではない。南部においても地域によっては協同組合がかなり普及しているが、個々の協同組合の規模は著しく小さく、しかも財政的にきわめて脆弱である。

協同組合企業の規模についていえば、さまざまな調査から明らかされている注目すべき現象は、中部および北部に存在する協同組合の平均規模が——とくに二〇〇〇年以降——増大していることである（表5）。すなわち協同組合企業の従業員数が増大しており、協同組合は規模の点でイタリア企業のなか注目すべき企業となっている。イタリア経済界のなかでも協同組合はきわめて有望な経済力を有する企業とされている。従業員五〇〇人以上一〇〇〇人未満の全企業数のなかでの協同組合企業が占める割合は、一九七一年の二・九％から二〇〇一年の九・五％へ推移している。従業員五〇〇人以上の企業数について見れば、協同組合が占める割合は、同じ期間に一・二％から八・一％に増えている。

【原注】

（原注1） Fonsari - Zamagni, 1997.
（原注2） Degl'Innocenti,1981 ; Battilani, 2005.
（原注3） Battilani, 2005; Fornasari-Zamagni, 1997.
（原注4） Fonsari - Zamagni, 1997.
（原注5） Bonfante, 1981.
（原注6） Zangheri - Galasso - Castronovo, 1987.
（原注7） Fornasari - Zamagni, 1997.
（原注8） Fornasari - Zamagni, 1997.
（原注9） Cafano, 2001.
（原注10） Cafano, 2001.
（原注11） Battilani, 2005.
（原注12） Ciuffoletti, 1981.
（原注13） Cafaro, 2008.

（原注14）Ciuffoletti, 1981.
（原注15）Menzani, 2009 ; Fornasari-Zamagni, 1997 ; D'Innocenti, 1981.
（原注16）Fornasari-Zamagni, 1997 ; Degli'Innocenti, 1981.
（原注17）Ciuffoletti, 1981.
（原注18）Menzani, 2009.
（原注19）Battilani, 2005 ; Menzani, 2009.
（原注20）Menzani, 2009.
（原注21）Leonardi, 2005.
（原注22）Menzani, 2009.
（原注23）Bassi, 1995 ; Paolucci, 1999.
（原注24）Cafaro, 2008.
（原注25）Zangheri-Galasso-Castronovo, 1987.
（原注26）Fornasari-Zamagni, 1997; Cafaro, 2008.
（原注27）Zangheri-Galasso-Castronovo, 1987 ; Zamagni-Felice,2006 ; Cafaro, 2008.
（原注28）Basevi, 1954.
（原注29）Battilani,2009b; Zamagni, 2006; Zamagni-Zamagni, 2008.
（原注30）Battilani, 2009b.
（原注31）Battilani, 2009b.
（原注32）Battilani, 2009b.
（原注33）Battilani, 2009b.
（原注34）Borzaga-Depedri-Bodini, 2010.
（原注35）De Bonis-Manzone-Trento, 1994.
（原注36）Salviato, 2010.
（原注37）Scarpellini, 2007 e 2008.
（原注38）Zamagni-Zamagni, 2008.
（原注39）Sapelli, 2008.
（原注40）Battilani, 2009b.

【訳注】

（訳注1） サルデーニャ王国（Regno di Sardegna）は、一八六一年に成立したイタリア統一国家「イタリア王国」を形成する過程で主導的役割を果たした国家。その首都はトリーノ（Torino）、その支配者は「サヴォイア家」（Casa Savoia）。

（訳注2） 「歴史的右派」はイタリア王国成立後の最初の十五年間の政権、すなわち王国初代カヴール内閣からミンゲッティ（Marco Minghetti, 1818-1886）内閣までの政権が「右派」政権であり、この政治潮流に属した政治家集団が歴史的右派である。二十世紀以降の社会的・政治的運動・集団にかかる右派・右翼と区別されて歴史的右派と呼ばれている。

カヴールは（Camillo Benso di Cavour, 1810-1861）は、イタリア統一王国形成の中心国家「サルデーニャ王国」の宰相（一八五二～五九、一八六〇～六一年）として「イタリア王国」の初代宰相となり（一八六一年）、直後に死去す。政治思想としては自由主義、経済思想とし自由貿易主義を主張し、実践した。「自由な教会と自由な国家」という言葉を発したように、政教分離思想を保持した。

（訳注3） ルッツァッティ（Luigi Luzzatti, 1841-1927）は、法学者にして政治家。シュルツェ＝デーリチュの思想に共鳴して一八六三年に『信用の普及と民衆銀行』を著し、イタリアにおける「民衆銀行」の旗手となり、一八六五年には自ら「ミラノ民衆銀行」（Banca Popolare di Milano）の創立に貢献し、民衆銀行の普及に尽力した。政治舞台でも活躍し、一九一〇～一九一一年に首相を務めた。

（訳注4） 「民衆銀行」（banca popolare）。イタリア語の“banca popolare”はドイツ語の“Volksbank”に相当する。ドイツの経験を「庶民銀行」と訳したが、イタリアの経験は「民衆銀行」の訳を採用した。

（訳注5） ヴィガノー（Francesco Viganò, 1807-1891）は、学業を終えたのち、イギリス、フランス、ベルギーを訪れ、広く社会思想を学び、帰国後は会計学の教師をしながら協同組合思想とその実践に努めた。

（訳注6） マッツィーニ（Giuseppe Mazzini, 1805-1872）は、リソルジメント（イタリア統一国家形成運動）期の思想家にして政治家。一八三〇年、自由主義的・共和主義的統一イタリア国家を主張して反乱を試み、亡命を余儀なくされ、翌年、亡命先のフランスであたらしい政治運動の構想「青年イタリア」を発表する。生涯のほとんどをフランス、イギリス、スイスで過ごした。社会問題にも関心を示し、イタリア近代協同組合運動に通じる思想をも保持した。

（訳注7）ヴォッレンボルグ（Leone Wollenborg, 1859-1932）は、一八八三年、パドヴァ県ロレッジヤにイタリアで最初の「農村金庫」を設立したのをはじめ、イタリアにおける「農村金庫」の発展に尽くした。ルッツァッティ（Luigi Luzzatti）およびライファイゼン（Friedrich Wilhelm Raiffeisen）に学び、ライファイゼンと交信した。国会議員（下院および上院）としても活躍した。

（訳注8）バルディーニ（Nullo Baldini, 1862-1945）は、ラヴェンナ出身の協同組合指導者。農業労働者協会の設立に参加し、一九〇一年には「ラヴェンナ県協同組合連合」の指導者となった。「連盟」の生産・労働協同組合の指導者として社会党の国会議員になったが、ファシズム政権により一九二三年に追放され、亡命を余儀なくされた。

（訳注9）農業労働者。この「農業労働者」の原語は「ブラッチャンテ」"bracciante"であり、特に大土地所有者に日雇または季節雇のかたちで雇われ、主として穀物や果物の収穫時に働いた。十九世紀から二十世紀前半に普及していた。「腕」を意味する「ブラッチャ」（braccia）に派生する言葉。

（訳注10）ジョリッティ（Giovanni Giolitti, 1842-1928）は、十九世紀末からファシズム以前の期間に五度にわたり首相を務めた政治家。ジョリッティが政治を主導した時期が一般的に「ジョリッティ時代」と呼ばれるが、特に彼の自由主義的政策が著しい時期を指すことが多い。本書著者はジョリッティ時代を一九〇一～一九一四年としている。

（訳注11）コスタ（Andrea Costa, 1851-1910）は、イタリア社会主義運動創生期の代表的人物。アナキストとして出発し、反乱に参加して亡命も経験した。一八八二年には国会議員（下院）選挙に立候補し当選し、イタリアで最初の社会主義者議員となる。一八九二年のイタリア社会党創立に参加した。

（訳注12）ヴェルニャニーニ（Amtonio Vergnanini, 1861-1934）は、レッジョ・エミリアに生まれ、若くして社会主義に接近し世紀末にはスイスに亡命した。新世紀に帰国しレッジョ・エミリアで協同組合活動に尽力した。さまざまな協同組合が協力して新しい経済システムを創出するという「統合協同組合」構想を抱き（プランポリーニ参照）、一九〇七年にイタリアのクレモーナで開催されたＩＣＡ（国際協同組合同盟）大会でこの考えを発表した。一九一二年から二六年の解散時まで「連盟」（Lega）の書記長を務めた。

（訳注13）プランポリーニ（Camillo Prampolini, 1859-1930）は、レッジョ・エミリアに生まれ、若くして社会主義と協同主義に触れ、二つの分野を結びつけて生涯の事業とした。協同主義の理想に傾倒し、ヴェルニャニーニとともに「統合協同組合」構想を仕上げ、協同組合事業をとおして個人主義的・自由主義的経済を克服する新しい社会的経済システムの建設を主張した。社会党内の改良主義派の指導者として国会議員をも務め活躍した。

（訳注14）　社会党。イタリア社会党（ＰＳＩ／Partito Socialista Italiano）は、近代イタリアにおける最初の全国政党。一八九二年八月に設立され（設立当初は「イタリア労働者党」、一八九五年に「イタリア社会党」となる）、党名はたびたび変更され、幾度の内部分裂を経験したが、社会主義勢力の中心政党として重要な役割を演じた。イタリアでは歴史的社会主義陣営の崩壊後の一九九二年初頭から検察の手で大規模な汚職追及がはじまり、この中で社会党は大きな痛手を蒙り混乱の後一九九四年十一月に解散した。その後さまざまな散発的再建工作が続いている。

（訳注15）　ストゥルツォ（don Luigi Sturzo, 1871-1959）は、シチリア出身のカトリック神父、信用協同組合指導者、政治家。一九一九年設立されたカトリック政党たる人民党の主導者。ファシズムに反対したために一九二四年に亡命を余儀なくされた。戦後の一九四六年に帰国したが、カトリック政党たるキリスト教民主党（ＤＣ）には参加しなかった。五二年に終身上院議員に任命された。

「人民党」（Partito popolare, 1919-1926）は、ドン・ストゥルツォの主導により一九一九年に設立されたカトリック政党。この党は、第一次大戦後の社会的・経済的危機の時期に、社会立法、税制改革、土地所有農民の育成、私学教育の推進、等をかかげて旗揚げされた。一九一九年の総選挙では二〇・六％の得票をもって大成功をおさめたが、ファシズム政権の成立（一九二二年）以降、教皇庁の同意が失われ、次第に政権との対立が顕在化し、一九二六年の国家防衛法に伴い解散させられた。

（訳注16）　チェルッティ（don Luigi Cerutti, 1865-1932）は、一八八八年に司祭に叙任される。一八九〇年には故郷ガンバラーレの貧農層を支援するため、ボッレンボルグの経験に学び、農村金庫を設立した。この農村金庫の理事会内部で自由主義者とカトリックの対立が著しく、金庫は機能しなかったため、二年後にはカトリックのみから成る金庫として再出発した。これはイタリア最初のカトリック派農村金庫とされる。その後もカトリック農村金庫および協同組合の振興に多大な貢献をした。

（訳注17）　キーリ（Ercole Chiri, 1890-1980）は、パヴィア大学卒業後ただちに政治的・社会的活動に専心した。一九一九年にはストゥルツォらとともに「人民党」結成に貢献し、ファシズム政権により同党が解散されるまでその全国委員を務めた。同じく一九年には他のカトリック指導者らとともにカトリック協同組合の全国組織たる「イタリア協同組合総連合」（Confederazione cooperativa italiana）の設立に尽力し、その初代書記長となった。

（訳注18）　ポルタルッピ（Ambrogio Portaluppi, 1863-1923）は、カトリック教義の高等教育を修得したのちミラノ大学で哲学および神学を修め司祭として活動する。北イタリアの貧農層の現実に触れ社会的意識をたかめた。カトリック社会事業の組織たる「カトリック会議事業」（Opera dei congressi,1874-1904）内で経済分野の問題

への関心を喚起した。農村金庫の普及に尽力した。産業労働者の問題にも取り組み、社会主義者たちが促進した「労働会議所」（Camera del lavoro）に対抗してカトリックの「労働者連合」（Unione operaia）を推し進めた。

（訳注19）レッツァーラ（Nicolò Rezzara, 1848-1915）は、農民の家族に生まれ幼くして父を亡くしたが、親戚の庇護により高等教育を修めた。フランチェスコ教団第三会員となり、貧農層の社会問題にとりくみ、「カトリック会議事業」に参加し後にこの組織の全国議長に就任した。

（訳注20）トレント地方（Trentino）。トレント地方については本書「はじめに」の訳注10を参照のこと。

（訳注21）グエッティ（don Lorenzo Guetti, 1847-1898）は、トレント地方での協同組合運動の礎を築いた人物の一人。聖職者。特に農村金庫の普及に貢献し、一八九五年には「農村金庫・協同組合連合会」（Federazione delle casse rurali e dei consorzi cooperativi）の結成を主導した。

（訳注22）一八九一年の教皇回勅「新しき事がらについて」。一八九一年五月、ローマ教皇レオ十三世による回勅「レールム・ノヴァールム／Rerum Novarum」が発せられた。教皇庁はイタリア王国の成立（一八六一年）後これに敵対する立場をとり、国政選挙への関与をも拒否した。しかし現実社会のなかでは労働者運動や社会主義者運動が台頭し成長し、カトリックの側の対応は遅れていた。カトリックも慈善活動や社会活動を展開したが教皇庁の基本的立場との齟齬が生じていたため、教皇庁は新しい状況へのカトリックの関与にかかる基本思想をこの回勅でうちだした。この回勅は「資本と労働の権利と義務」という表題がついており、カトリック教会に社会問題について取り組むことを指示した初の回勅と位置づけられている。政治関与拒否という教会（教皇庁）の立場は、一九一三年の「ジェンティローニ協定」をもって最終的に解禁された。

（訳注23）ここに掲げられているヴェネト以下の広域地方名は、こんにちの行政単位としての「州／レジョーネ／regione」にほぼ相当する。ただし地理的・文化的な歴史的地域区分としての「レジョーネ」は古くから使用されていたが、「レジョーネ」が行政単位としての「州」として位置づけられたのは、一九四八年に発効した共和国憲法においてであった。

　さらに共和国憲法に盛り込まれるに際し、以前に区別された「エミリア」と「ロマーニャ」は合体されて「エミリア＝ロマーニャ州」となった。また憲法発効時に規定されていた「アブルッツィ＝モリーゼ州」は一九六三年に「アブルッツォ州」と「モリーゼ州」に分離された。なお憲法に規定された「州／レジョーネ」が実効性を有する地方公共団体となったのは一九七〇年である。現在二〇州のうち、一五が「普通州」、五が「特別州」と規定されている。

（訳注24）カヴァリエーリ（Enea Cavalieri, 1848-1929）は、大学卒業後、産業先進国を訪問し、状況の観察

から社会的自由主義的思想に触れた。帰国後に農業分野の諸問題に取り組み、協同組合に接近する。農業分野の協同組合の指導者として活躍した。

（訳注25） これらの三地方はいずれも第一次世界大戦後の戦後処理にかかるサンジェルマン講和条約（一九一九年九月十日）をもってイタリア領となった。

（訳注26） ラバデッサ（Rosario Labadessa, 1891-1963）はファシズムのもとでの協同組合運動の指導者の一人。一九三九～一九四三年には国会議員となった。

（訳注27） ポスティリオーネ（Gaetano Postiglione, 1892-1935）は、生粋のファシストとしてその技術力を買われて第一次ムッソリーニ内閣の通信次官としてインフラ整備等に手腕を発揮した。

（訳注28） ドゥゴーニ（Enrico Dugoni, 1874-1945）はイタリア社会党の指導者の一人。貧しい家庭に生まれたが大学にまで進むことができた。早くから社会主義に目覚め、一八九五年に社会党に入党した。その活動のゆえに官憲の追及を受け、約二年間スイスに亡命する。帰国後、生地のマトヴァ県を中心に農民運動、労働運動に邁進する。二十世紀に入り党内では改良派と革命派の対立が激化するなか、最初は革命派として活躍したが、次第に改良派に近づいた。一九一〇年代から二〇年代にかけて国会議員をも務めた。ファシズムの到来期、故郷の家はファシストに破壊されたためミラノに移り、個人商店を経営した。ファシズムの崩壊後、政治活動を再開し、レジスタンス組織たる「国民解放委員会」（CLN／Comitato di liberazione nazionale）から協同組合分野の再建を委任されたが、志半ばで他界した。

（訳注29） フォスキ（Franco Foschi, 1931-2007）は、医師、作家にして政治家。キリスト教民主党（DC）に属し、第Ⅴ立法期から第Ⅸ立法期まで国会議員を務め、労働・社会保障政務次官、労働・社会保障大臣等を歴任した。

（訳注30） カルロ・ドナ＝カテン（Carlo Donat Cattin, 1919-1991）は、キリスト教民主党（DC）内左派の領袖。ファシズム政権の時代からキリスト教青年組織に属し、戦後は労働組合活動家として出発した。一九四八年に発足した戦後の労働組合統一組織「イタリア労働総連合」（CGIL／Confederazione Generale Italiana del Lavoro）からキリスト教民主党系の人びとが離れて一九五〇年に「イタリア勤労者労働組合連合」（CISL／La Confederazione Italiana Sindacati Lavoratori）を設立したが、ドナ・カテンは創立からCISLに参加して次第に頭角を現わし、政治家となった。一九五八年から一九九二年まで国会議員（下院議員および上院議員）を務めた。一九六八年以降、たびたび閣僚および党の要職に就いた。

（訳注31） イタリア共和国憲法第四五条。憲法第四五条の訳文については、初宿正典・辻村みよ子編『新解説 世界憲法集』（三省堂）所収の訳文を借用した。

（訳注32）トゥピーニ（Umberto Tupini, 1889 - 1973）は、弁護士。第二次大戦直後からキリスト教民主党（DC）の政治家として活躍した。一九四七～一九五〇年の間、第四次および第五次デガスペリ内閣の公共事業相を務めていた。

（訳注33）ファンファーニ（Amintore Fanfani, 1908 1999）は、経済学者、政治家。カトリックの立場で一九三〇年代から社会問題に関心をむけた。ファシズム末期にはスイスに亡命した。戦後、盟友ドッセッティ（Giuseppe Dossetti, 1913 -1996）らと逸早くキリスト教民主党に加わり、以降、中央政界で一九八〇年代末まで活躍する。一九五四～八七年の間に五回首相を務めた。一九四七～一九五〇年の間、第四次および第五次デガスペリ内閣の労働相を務めていた。

（訳注34）イタリアの「商工会議所」（Camera di commercio）の正式名称は「商業・工業・手工芸業・農業会議所」（CCIAA／Camera di Commercio, Industria, Artigianato e Agricoltura）であり、ほぼ各県に存在し、その中央統括機構が「イタリア商工会議所連合」（Unioncamere/ l'Unione italiana delle Camere di commercio industria e artigianato）である。「商工会議所」はかつては私的団体であったが、一九九三年以降、公法上の独立行政機関となった（legge 29 dicembre 1993, n. 580 : D.Lgs. 31 marzo 1998, n.112）。以降、経済発展、企業振興、職業訓練、企業管理等幅広い任務を背負うこととなった。

協同組合の公的登録制度は二〇〇四年の省令（Decreto 23 giugno 2004 del Ministero delle Attività Produttive）をもっておおきな変化を遂げた。それ以前、協同組合の登記は、地方裁判所商務課、県労働事務所、県知事府に対しておこなわれ、労働・社会保障省がこれを統括していた。二〇〇四年以降、協同組合の登録は「商工会議所」の「企業登録簿」（Registro delle imprese）に一元化された。

協同組合の監督官庁は、伝統的に「労働・社会保障省」（Ministero del Lavoro e della Previdenza Sociale）であったが、二十世紀末から二十一世紀初頭にかけての度重なる省庁改編のなかで、一九九九年の立法的政令（D.Lgs. 30 luglio 1999, n.300）により二〇〇一年五月に新設された「生産活動省」（Ministero delle Attività Produttive）に移った。さらに二〇〇六年には「生産活動省」が「経済発展省」（Ministero dello Sviluppo Economico）と改称された（D.L. 18 maggio 2006, n.181）ため、現在の監督官庁は「経済発展省」（協同組合銀行等の例外あり）である。

（訳注35）ファシリティ・マネジメント（FM／Facility management）はアメリカで生まれた経営管理方式であり、ＩＦＭＡ（国際ファシリティマネジメント協会）の定義によれば、「効率的な執務環境を提供するために、実証された管理業務と最新の技術知識を結び付けることであり、生産性の高い執務環境を計画、提供し、管理す

る経営活動である」、とされる。

（訳注36）「マヌテンコープ協同組合」（Manutencoop Società Cooperativa）は、一九三八年に一六人の労働者が国鉄の下請け作業を請け負う労働者協同組合として結成したのがはじまり。一九六〇年代末、国鉄が外部委託を中止したことから経営危機に陥ったが、ビル営繕、清掃、緑地管理等の仕事を見出し、一九八〇年代から飛躍した。

　現在、マヌテンコープ協同組合は、「マヌテンコープ・グループ」の頂点に立ち、「マヌテンコープ・ファシリティ・マネジメント株式会社」（Manutencoop Facility Management S.p.A.）および「マヌテンコープ・不動産株式会社」（Manutencoop Immobiliare S.p.A.）を統括し、幾多の傘下の企業・協同組合の戦略的方針・指導を受け持っている。グループ全体の二〇一〇年事業高は一一億三九〇〇万ユーロ、傘下全企業の従業員は一万六〇〇〇人とされている。

　グループの指導部たる「マヌテンコープ協同組合」の組合員従業員は約七〇〇人、引退した組合員から成る「賛助組合員」（socio sovventore）も約七〇〇人で、賛助組合員は一株二五・八二ユーロの株二〇万株（五一七万ユーロ）を保有して、組合の資金調達に貢献している。

（訳注37）協同組合グループ。「協同組合グループ」（gruppo cooperativo）については、第六章で論じられる。

（訳注38）ローマ条約。一九五七年三月二十五日、ローマにおいてベルギー、フランス、イタリア、ルクセンブルク、オランダ、西ドイツの六カ国政府代表により「ローマ条約」が調印された。この条約は、欧州経済共同体（EEC）と欧州原子力共同体の設立を内容とするが、一般的にはローマ条約は欧州経済共同体設立を指している。周知のように、EECは一九九二年の「マーストリヒト条約」（九三年発効）により「欧州共同体」（EC）となり、二〇〇七年の「リスボン条約」（二〇〇九年発効）をもって「欧州連合」（EU）となった。

（訳注39）「グラナローロ・グループ」（Granlatte-Granarolo）。通称「グラナローロ協同組合」は一九五七年にボローニャに誕生した「ボローニャ県牛乳生産者連合会」（Cbpl / Consorzio Bolognese Produttori Latte）（地名からグラナローロ協同組合と呼ばれた）が発展し合併・吸収を重ねて、こんにち、牛乳・乳製品業界で第二の大企業となっている。今日の「グラナローロ・グループ」は、その頂点に持ち株会社としての「グランラッテ農業協同組合」があり、その下に牛乳および乳製品の加工販売に従事する「株式会社グラナローロ」がある。「グランラッテ農業協同組合」は六五二人の牛乳生産者組合員、一八の牛乳収集協同組合、一七九人の賛助組合員から成っている。

（訳注40）「合同協同組合醸造組合」（Cantine cooperative riunite）は、一九五〇年にエミリア・ロマーニャ州レッジョ・エミリア県に設立された葡萄酒醸造協同組合。こんにち、約一五〇〇人の生産者組合員から成り、年間

事業高は一億ユーロとされる。発泡ワイン〝ランブルスコ〟（Lambrusco）で有名。

（訳注41）「イタリア保存食品連合会」（Consorzio Conserve Italia）。「イタリア保存食品連合会」は一九七六年にボローニャ県に設立された保存食品協同組合連合会。約五〇の第一次組織協同組合から構成されており、その個人組合員総数は一万五〇〇〇人とされる。業界最大の企業であり、年間事業高は九億六二〇〇万ユーロ（二〇〇六年）という。年間約八二万トンの野菜および果実を材料として、果実飲料、保存トマト、保存野菜などを生産している。フランスおよびスペインにも加工施設を有している。

（訳注42）「カヴィーロ」（Caviro：葡萄生産・葡萄酒造協同組合）は、エミリア・ロマーニャ州ラヴェンナ県ファエンツァ町に本部を置く葡萄生産・葡萄酒造協同組合。正式名称は「農業協同組合カヴィーロ」。一九六六年に設立され、合併・吸収を重ねて、イタリア随一の規模を誇るワイン・メーカーに成長した。

（訳注43）「カヴィット」（Cavit：Cantina Viticoltori del Trentino／トレント県醸造組合連合会）。一九五〇年創立の葡萄酒醸造協同組合。四五〇〇人の葡萄生産者、一一醸造所をかかえる。事業高は一億五二〇〇万ユーロ（二〇一二年）でその七五％は輸出が占める。

（訳注44）「メッザコローナ醸造組合」（Cantine Mezzacorona）。メッザコローナの正式名称は「メッザコローナ農業協同組合」。こんにち「メッザコローナ・グループ」を形成している。トレント県サン・ミケーレ・アルトアーディジェ市に本部がおかれている。一九〇四年創立という伝統を誇る。年間三万二〇〇〇キロリットルのワインを生産し、その事業高は七一六〇万ユーロ（グループ全体では一億六〇〇〇万ユーロ）となっている。

第五章　社会協同組合とフェアトレード

第一節　社会協同組合

(1)　特別な地位

状況に具体的かつ革新的に対応しようとする、柔軟な協同組合領域が現われてきている。それは、一九七〇年代以降に勃興した「新しいフロンティア」のさまざまな動き、青年およびその他の人びとの失業に対抗する社会的協同組合および生産・労働協同組合、公正かつ連帯的な取引、等々を指す。

社会協同組合のいわば自覚的な最初の事例は一九六三年にはじまるとされている。すなわちこの年、イタリア北部ブレーシャ県ロエ・ヴォルチャーノ町において聖ジュゼッペ協同組合が設立された。この協同組合は、創立者ジュゼッペ・フィリッピーニの言によれば、「物質的に何かを必要としている人のみならず、特に精神的に何かを必要としている人」の欲求に鑑みて設立された。この直観は、この協同組合が一九七〇年代中期まで全く世に知られない存在であったにしても、きわめて妥当なものであった。一九七〇年代中期、福祉の危機、あらたな貧困、失業、薬物依存、精神的不安、等々の新しい諸問題が生じたため、そうした協同組合への関心があらためてたかまったのである。当初こうした諸問題はボランティアによって担われたが、七〇年代・八〇年代になるとあらたな様相を呈するにいたった。事態の進展に伴い、さまざまな対応策に継続性と安定性を付与するには、ボランティアの役に代わるなにかが必要になった。連帯と企業経営という見たところ調整しがたい二つの要因を両立させうる法人格が求められた。

これは容易な問題ではなかった。たとえば民法典は、アソシエーションおよび財団に企業活動を認めて

いない。信頼関係をつくりだすという要請と事業的効率とをなんとか両立させうる唯一の法人格は協同組合であった。(原注1)

事態は単純ではなく、苦難を伴うものであった。福祉サービスの分野で初期に活動を始めた社会的協同組合に対して裁判所は、それが協同組合の基本的要件たる「相互扶助性」の原則を備えていないとの理由で協同組合としての認可を拒否したため、そうした協同組合は正式な協同組合として活動することはできなかった。実際上、こうした協同組合の受益者は組合員であったが、こうした協同組合の多くは事実としてさまざまな立場の人びと（従業員、ボランティア、利用者）を巻き込んでいた。こうした組合員はさまざまな集団から構成されていて等質的ではなく、社会協同組合の人びとで共有されるにいたった用語にしたがえば、そうした協同組合はマルチステイクホルダー的所有形態ということになる。そしてこの協同組合企業のリスクはそれぞれ異なる目的をかかえる組合員によって担われていた。(原注2)

協同組合として認可されるために社会的企業家たちが採った方策は二つあった。第一は、憲法第四五条が協同組合企業に相互扶助の機能のみならず「社会的機能」を認めている点に大きな拠りどころを求めることであった。第二の方策は、「外的相互扶助」あるいは「外延的相互扶助」という新しい言葉、すなわち相互扶助という概念を組合員の排他的利益から共同体の一般的利益へと拡大した新しい用語によってもたらされた。

この二つの方策を梃にして社会的領域での初期の協同組合は暫定的な――まだ不安定な――認可を得るにいたった。すなわち裁判所は「社会的協同組合が提出した」定款の再審査を求められて、その定款の立場を再検討し認可した。

そしてこうしたことはひとつの流れをつよめた。社会的協同組合は相互扶助的でもなければ等質的でもなかったが、こうした社会的協同組合の特質が認識されるにしたがい――十年にわたって――議論が深まり、ついには一九九一年法律第三八一号（社会協同組合法）が採択された。この法律は社会協同組合に特別な地位を認め、自立的な活動の可能性をあたえた。社会協同組合は、地域共同体の一般意志を追求するための共同的利益にかかるサービスを提供しうる組織となった。

社会協同組合法第一条は社会協同組合に二つの形式を規定している。第一は、社会的保健衛生サービスおよび訓練・教育サービスに従事するA型社会協同組合であり、第二は、さまざまな事業展開（農業的・商業的事業、工業的事業、さらにはサービス産業的事業）をとおして［社会的に］不利な立場の人びとの労働的包摂にとりくむB型社会協同組合である。

社会協同組合法をもって、利潤を求めるのではなく「共通善」を追求する企業家、社会サービスを提供し、社会政策セクターにおいて活発に事業展開する企業家が存在しうる、という考えがイタリアにおいて初めて現実となったのである。この考え方は企業の伝統的存在方法を、なによりもまず営利企業の存在方法を議論の俎上に載せることとなった。なぜならば企業とは利潤を生みだすものと観念されているからである。また、この考え方は、協同組合が組合員のみのためのサービス運営を展開する相互扶助的企業として存在するならば、協同組合の存在方法をも議論の俎上に載せるものである。

(2) 量的側面

量的な側面を見るならば、社会的協同組合の右肩上がりの動きを確認できよう。一九八七年の最初の調査も、この組織の増加・発展の潜在力を浮かび上がらせている。すなわちこの調査によれば、一九八六年十二月三十一日現在、調査の対象となった四九六組合のなかに四二六五人の組合員ボランティアが存在し、四〇五七人の組合員従業員、二二七七人の非組合員ボランティア、七〇四人の雇用労働者が存在していた。さらにこれに加えて、二四一二人の障害者が働き、組合が提供するサービスの利用者が二万二六八四人存在していた（原注3）。

　社会協同組合法の成立時点で、およそ一〇〇〇件を少し上回る社会協同組合が存在したと推定されていたが、九〇年代中期にはこの数は約三〇〇〇となり、さらにこれが増加の一途をたどり二〇〇五年十二月三十一日の時点には、国立統計局（ＩＳＴＡＴ）の最新の調査（訳注1）が示すように、七三六三に達した。二〇〇五年に調査された七〇〇〇余の社会協同組合の内、七〇％強は一九九一年以降に設立されたものであり、これはこの社会協同組合という現象の新しい発展を物語るものであり、そして国立統計局の調査があきらかにしているところであるが、一九九六〜二〇〇〇年に集中する増加基調を如実に示している。さらに七三六三件の社会協同組合の内、五九％（四三四五組合）は保健衛生・訓練サービスを提供するA型組合であり、三一・八％（二四一九組合）は不利な立場の人びとの労働包摂に取り組むB型組合であった。

　経済的側面に注目するならば、二〇〇五年において社会協同組合全体で約六四億ユーロ［一€を一三〇円とすれば、八三二〇億円］に相当する生産を達成し、有給従業員二四万四〇〇〇人、ボランティア三万四〇〇〇人を擁していた。二〇〇五年にA型組合のサービス利用者は三三〇万人を超えており、これは二〇〇三年に比べて三七・四％の増加であった。これに対しB型組合は労働包摂の仕事に三万一四一一人の「不利な立場の人びと」を擁しており、これは二〇〇三年と比較して二七・八％の増加であった。

社会協同組合は二つの点で革新的企業とみなされる。第一は、生産（社会福祉にかかるサービス）および生産過程（所有枠組の変化）の面で革新をもたらした。これは協同組合の「新しいフロンティア」と定義されうる点であり、これは根拠のないことではない。そのほかにも、一九七〇年代の財政危機に直面して産業分野での協同組合、とくに青年たちが先進的第三次産業で雇用創出のために興した協同組合、そして最近ではフェアトレードの分野での協同組合などがこのあたらしいフロンティアの区分に入れられる。こうした例は、社会協同組合の例とは異なり、協同組合のあたらしい種類をつくりださなかった。しかしそうした例は、社会的主体という面ではあたらしい価値をもたらした。それは新しい協同組合の存在であり、あたらしい協同組合の方法である。要するに、青年たちが情報産業や新しい第三次産業のなかで興した産業的協同組合は、「伝統的なカテゴリーとしての」生産・労働協同組合とみなされている。同じく、フェアトレードの協同組合も、法人格としては消費協同組合として――あるいは時として社会協同組合として――分類されている。変化したのは、失業状態の定義、消費者の定義である。第一の「三次産業における協同組合の」場合、IVA［付加価値税］負担者であったり、情報産業のなかでの広範なプレカリアート(訳注2)であり、第二の「フェアトレード協同組合の」場合、価格／品質の関係の面ですぐれた材の購入に満足せず、労働者の社会権・労働権を尊重した材であることを求める人びとである。こうした意味において、協同組合は現実にかかわる現象であり、過去のみでなく現在の経済的・社会的欲求にかかわる現象である。

このように伝統的には農民や日雇労働者、消費者が協同組合に組織されてきたが、危機に陥った企業の労働者たちが職場を保持する頼みの綱と協同組合をみなしており、また高卒・大卒の青年たちが「経済危機のなかで」自らの仕事を協同組合のなかで活かしていこうと団結している。同様に、南の世界の国ぐににおける労働力の搾取という問題や環境問題に敏感な消費者たちは、協同組合を組織して「批判的消費」を促進しており、アフリカ・アジア・ラテンアメリカの労働者たちが天然資源と環境を保全しつつ公平な報酬を得るべきだ、と主張している。

第二節　第二次産業および第三次産業における協同組合

一九七〇年代および八〇年代にイタリアではかなりの地域で産業の停滞がみられた。企業の危機に直面した労働者たちは、力を合わせて団結し、自ら企業家となった。すなわち企業を協同組合形式に転換し、賃金労働者から共同経営者となったのである。

一般企業から協同組合への転換は、必ずしも成功したわけではない。再建せんとした企業の会計に予想以上の欠損が見つかる、といったような失敗や絶望もあった。経験不足や不用意のために、不運にめぐりあう例も少なからずあった。そして経済的危機の重しも加わった。状況は一様ではなかった。市場への適用能力は業種によって異なった。第三次産業に属する企業は比較的安定したが、工業分野の協同組合は、市場競争に立ち向かうには多額の投資を要するため、財政的基盤が弱いことから安定性を欠いた。協同組合の起業率は高く、また破産率も高い、といった現象が共存した。

こうしたさまざまな例を見ると、全体としてはプラスの評価を下すことができる。もちろんそれは偶然の結果ではなかった。強力な法的措置が作用したのである。とりわけ青年層の失業対策措置としての法律（一九七七年六月一日の法律第二八五号）（訳注3）が施行され、先進的第三次産業および情報産業のあたらしい分野に、とくに高学歴の青年たちが協同組合を設立する助けとなった。

それからあのいわゆる「マルコーラ法」（一九八五年二月二十七日の法律第四九号）(訳注4)があった。これは「雇用水準引上げのための緊急措置および協同組合促進の信用方策」を内容としていた。この法律はいくつかの措置を見込んでいた。

その一つは、失業保険の対象となっている労働者たちのあいだに協同組合設立を奨励する特別基金、すなわち農業以外の分野で協同組合を設立し、あるいは危機に瀕した企業を協同組合形式で再興する、といったことを奨励する特別基金を設置することであり、この基金は協同組合代表諸組織［ナショナルセンター］によって運営された。この基金の法的措置は功を奏し［一九八六年に］「産業融資会社」（CFI／Compagnia finanziaria industriale）が設立され、これは現在でも「協同組合企業財政基金」（Cooperazione finanza impresa）と［頭文字はそのままに］改称されて稼働している。「産業融資会社」（CFI）は、協同組合三大ナショナルセンター（Confcooperative, Legacoop, AGCI）と労働組合全国組織(訳注5)（CGIL、CISL、UIL）の協定によって誕生したのであった。

さまざまな困難を経て、二〇〇一年には見直しがあり、CFIのお蔭で何十もの一般企業が協同組合に転換され支援を受けた。幾多の協同組合を「巻き直す」ために資金が投入された。すなわち［資金援助を望む協同組合はCFIへの］参加費を納入すれば、融資額が投入され、戦略的方針が強化され、指導者が送り込まれる。効果は特に雇用を確保する点に現われた。

こうして製造業などさまざまな職業分野――縫製業、外食産業、情報産業、観光業、音楽学校、スポーツ事業、教育・文化事業――で起業された多くの協同組合が活発に動きだした。

第三節　失業に抗して

一九八〇年代になると、協同組合事業は、環境保全への関心といった従来とは異なる新しい意識が「湧き上がる」分野に進出し根を張ることになる。

ここで一九八五年七月に起きたスターヴァ渓谷の悲劇を想起しないわけにはゆかない。それはトレント県テーゼロ町の集落スターヴァを襲った忘れがたい災害であり、利潤を求める人間の飽くなき欲望と怠慢が引き起こした環境破壊であった。プレスタヴェル山で採掘される斑岩に含まれる蛍石の浮遊選鉱法によって排出される汚泥の貯蔵場が崩壊し、大量の泥液が川床を埋め尽くして激流となり、集落の人びとと三つのホテルを飲み込み、二六八人の命を奪ったのである。

この事件の後、しばらくしてから環境破壊についての反省がおこり、この問題についての新しい考え方がうまれた。すなわちここに「大企画」の構想がトレント県労働機構と協同組合の協力により生まれ、労働者協同組合を強化して二つの問題を解決することとなった。第一の問題は、希少資源を散逸させず、怠慢によって資源を消失させることなく保存することである。第二は、失業状態にある労働者たちの雇用の問題である。彼らは年金受給には手の届かない年齢層であり、また別の仕事を探すにはすでに手遅れの年齢層であった。

言い換えれば、破壊された環境を改修し保全するための協同組合をこうした労働者たちの手で興すことが奨励された。この協同組合の目的は、年金積立を成就するに必要な期間、労働者たちの雇用を確保しつつつ、道路や公園の改修・補修の事業をすすめることであった。

大企画に依拠してここで興された多くの協同組合は、こんにちでもたんなる援助政策にとどまらない労働政策の中心を形づくっている。すなわち大企画に依拠する幾多の協同組合は、一九九〇年代において、毎年、五十歳代の男性および四十歳代の女性七〇〇人余に雇用を保証したのであり、この数はトレント県の規模を考えれば、けっして少ないとはいえない。近年、大計画の雇用計画は労働者数をほぼ二倍に拡大した。すなわち大企画にもとづいて働く人は二〇一〇年には一二〇〇人にのぼった。この大企画は是正すべき点もあるが、寄生的福祉主義とは異なる方法で協同組合を活用する手段となった。

第四節　公正的・連帯的取引（フェアトレード）

ここに取り上げるテーマは、すでに触れた「成長の危機」をめぐっての活発な議論にかかわった公正的・連帯的取引の協同組合、イギリスでのフェアトレードの協同組合、等の内部に広がった難問と無縁ではない（原注4）。

公正的・連帯的取引の協同組合は、法人という点からすれば、消費協同組合あるいは社会協同組合と同じように見え、南の国ぐにの典型的な手工芸品やボンゴ、ドラム、さまざまな彫像など、色彩豊かで「オルターナティブ」な製品を扱っている。さらには、さまざまな嗜好品、スリランカの紅茶、インドのアナナス、ケニヤのカルカデ茶、タイの米、フィリピン・エクアドル・パラグアイの砂糖、ケニヤやエクアドルのジャムなども見られる。そして何よりもまずフェアトレードのシンボル的商品として、メキシコから初めて輸入されたコーヒーがある。

これらは要するに消費生活の財なのだが、その背後にはそれぞれの特別な物語があり、また、生産および流通の性質や特性にかかわる〝トレーサビリティ〟という概念が、伝統的取引の製品と公正的取引(訳注6)の製品を区別している。

公正的・連帯的取引は、不利な立場の国ぐにとの交換関係に変化をもたらしている。そこにおいては、南の生産者たちに「正当な報酬」を認めて富の公正な分配という考えに立って財が輸入され、北の意識的消費者に販売されている。その目的は、貧困な国々の生産者たちや第三世界の労働者たちの発展過程を支援し、彼らの生活状態の向上をはかることであり、しかもそれを恩恵やお恵みを授けるかたちではなくして、北と南の通商の新しい考え方と実践をもって、その内容の新しいルールをもって実行することである。「援助ではなく通商」というスローガンは、このことを直感的にうまく言い表している。

この公正的・連帯的取引という方式は、一般的におこなわれている方式、すなわち生産の場にはわずかな収益しか残さず大部分の収益は最終販売者の手に入るという方式の対極に位置するものである。それは伝統的な取引における力関係を逆転して調整しなおす試みである。それは資源の源流に配慮した公正な価格を設定する試みである。

フェアトレードは、消費者の在り方、社会的意識をもった消費者の在り方、すなわち財そのものを即自的にのみ受けいれるのではなく、財がどのように生産されたのか、それはどのような流れなのか、に関心をもつ消費者の在り方を表現している。それは、そうした視点に立って、通商システムの方向性を転換すべく、市場に圧力をかけ、情報の収集に奮闘している。その目的は、取引にかかわる大会社や中間業者が生産者の犠牲のもとに利潤の大部分を手に入れるのを回避することであり、生産者、商人、貿易会社のあいだの利潤の配分を適正化して、通商の鉄壁の論理を崩すことである。

フェアトレードの起源には諸説あり、単純化するのは容易でない。（原注5）最も有力な説は、名誉ある起源をアメリカ合衆国に求めている。すなわち、まず一九四六年にプエルトリコの布地を販売する試みが「メノナイト系の女性たちによって開始され、これが「自助／世界の手工芸品」（Selfhelp Crafts）〔というグループに〕発展する」や「さらにこれが一九九六年に」「一万の村」（Ten Thousand Villages）〔という団体〕となった。一九四〇年代以降、アメリカのある団体は、南の世界の貧しい人びとに対して忠実な新しい通商関係を確立していた。「「自助／世界の手工芸品」の」公正的取引の最初の店舗は同じくアメリカにおいて一九五八年に開店した。

ヨーロッパにおいては一九五〇年代にいくつかの動きがみられたが、フェアトレードが根づくようになったのは、一九六七年にオランダの輸入団体「フェアトレード協会」（Fair Trade Organisatie）が設立されてからである。この輸入団体は、一九七三年になるとグアテマラの協同組合に結集する小生産者たちのコーヒーを公正価格で輸入し販売する最初の行動を起こし、その後、グアテマラの手工芸品をも扱うようになった。

フェアトレードは「ワールド・ショップ」をとおして消費者とつながりをもつようになった。この「ワールド・ショップ」はフェアトレード運動の販売拠点であり、扱う製品の重要な販売ルートであり、公正取引の文化を広める中心点である。この拠点のお蔭で、世界における南と北の不公平な関係という大切なテーマに関する幾多の情報が伝わっていったのである。こうして消費者はあらたな意識を獲得し、市場に対して批判的な立場をとるよう働きかけられたのである。この視点からすれば、第三世界の側に立つさまざまな運動――宗教的なものも非宗教的なものもある――が果たした重要な役割は、南の国ぐにと北の国ぐにのあいだの格差の拡大の原因たる自由貿易主義の支配的モデルを徐々に批判の俎上にのせたことであった。この問題についての意識はしだいに高まり、燎原の火のごとく広まり、ますます多くの人びとを巻き込んでいる。

(1) フェアトレードと協同組合

フェアトレードの最初の商標をつくったのもオランダであり、それは一九八八年にはじまった。一定の公正基準を満たす製品にはすべてこの商標が貼られるようになった。メキシコの協同組合UCIRI(地峡地方先住民協同組合連合会)が生産するコーヒーの公正性を証明するものとして「マックス ハヴェラー」(Max Havelaar)という商標が初めて使用された。この商標は、UCIRIのもとで活動するオランダの経済学者フランス・ファン・デア・ホフ(訳注7)の提唱により生まれ、さらにラテンアメリカ発展促進組織「連帯」で活躍するニコ・ローゼン(訳注8)が公正的取引産物を伝統的流通網のなかにゆきわたらせるのに役立った。それは、公正的取引産物の販売量を増大させ、メキシコでの貧しいコーヒー生産者たちの地位向上過程に少なからず貢献した。

この後、フェアトレードの事例は二つの方向に拡大した。一方では、商標生産物の種類が増えた。すなわち、主要産物たるコーヒーから、紅茶、カカオ、砂糖にまで幅が広がり、嗜好品、ピーナツをも含むにいたった。他方、これと歩調を合わせて、ヨーロッパでも北米でも、新たな商標が生まれ、それは各国において公正的取引産物の証明・保証の役割をはたした。

イタリアにおける公正的・連帯的取引の保証商標は、「フェアトレード・イタリア」であった。この商標は、当初、一九九四年に誕生した「トランスフェア・イタリア協会」が使用していたが、この協会は、改編過程を経て「フェアトレード・トランスフェア・イタリア」と改称されるにいたった。この改編された組織は、環境保全や公正的取引、倫理的ファイナンス、消費者保護、国際協力等々の分野で活動するいくつかの非営利団体の合意により成立した連合組織である。

公正的取引を推進者する人びとは、広範囲にわたる経験を交換し、意見交換の必要が生じたため定期的に集まる機会をつくった。こうして一九八七年には欧州における公正的取引の輸入にかかわる主な人びとが会合し、「欧州フェアトレード協会」(EFTA/European Fair Trade Association)が誕生した。一九八九年には、約二五〇組織が結集するネットワーク組織たる「国際フェアトレード協会」(IFAT/International Fair Trade Association)が設立された。

さらに国際レベルでは、一九九七年には国際的統一組織としてFLO(Fairtrade Labelling Organizations Inetrnational/フェアトレード商標機構インターナショナル)が発足した。これは、所定の商標をもって公正取引商品と証明されかつ認識されるための、製品が遵守すべき全般的基準、国際的標準規格、業務規範等を定める組織である。

ここにおいて、フェアトレードの立場を協同組合陣営と結びつける要因が見いだされる。すなわち、公正的取引がさまざまな組織網を束ね運営する方法は協同組合的起源のものである。協同組合企業は、多くの場合、地域の小生産者たちの仕事を束ねるものである。協同組合は既存の法人組織であるが、決して特定の中核から発せられる組織ではない。協同組合は、多くの場合、公正的取引の店舗――すなわちフェアトレードの「ワールドショップ」――を運営するにあたって、西ヨーロッパの消費者から発せられた経営精神を体現している。フェアトレードの製品の流れは、協同組合のそれと同じ経路をとっている。つまり、販売製品の種類を増やすために小売店舗、スーパーマーケット等で売られるのであり、伝統的な供給方法をとっているのである。「ワールドショップ」は、独自の商標を維持しているがゆえに、まったく同じとは言えないが。

(2) 「もうひとつの市場・CTM」

イタリアでの動きはヨーロッパ諸国に比べてかなり遅れてはじまった。一九八〇年代初頭、イタリアにはワールドショップが二カ所にしか存在しなかった。一つはブレッサノーネ、もう一つはボルヴァーノであった。どちらの店舗も、オーストリアの「EZAフェアトレード」(EZA Fairer Handel) から製品を購入して販売していた。EZAの本部と連絡をとったのは、ボルヴァーノ出身でインスブルック大学の学生ルディ・ダルヴァイ (Rudi Dalvai) であった。彼は大学を卒業するや故郷に帰り、EZAの経験を実行した。彼は一九八六年にエイニ・グランディ (Heini Grandi) とアントニオ・ヴァッカーロ (Antonio Vaccaro) に出合った (「公正的・連帯的取引」という言葉を考えたのはヴァッカーロであった)。三人は、当初、連名の会社を興して事業を開始したが、いっそう協同的かつ民主主義的な方策を探り、協同組合形式を選択した。一九八八年十二月二十一日、三人は「第三世界協同組合」(CTM/Cooperativa Terzo Mondo) を発足させた。設立組合員は九名、その内、上記三名が組合員労働者として活動し、六カ所に店舗を構えた（ブレッサノーネ店、ボルヅァーノ店、トレヴィーゾの「平和と発展」、ロヴァートの「連帯協同組合」、パードヴァの「トルトゥーガ島」、トリーノの「精選食品会社」）。

ヨーロッパ諸国の例では店舗と輸入会社は互いに独立していたが、ＣＴＭは輸入会社に対して一般客として接し、チェーン店体制を選択し、独自の構想を発展させた。ＣＴＭは自らをサービス・センターと位置づけ、協同するグループが各地域にフェアトレードの原則を普及させるものとした。ＣＴＭはこの哲学を追求して発展して五〇の店舗網を組織するにいたり、一九九八年六月二十八日にはいっそうの質的飛躍を決意した。すなわちＣＴＭは協同組合二次組織としての法人格を有する連合体に自らを再編し「ＣＴＭ〝もう一つの市場〟（ＣＴＭ／Altromercato）」、フェアトレードの元締としての購買センターの役割を自らに課した。一次組織としての個々の協同組合はＣＴＭから製品を供給され、もはやこの組織網は個人の結合ではなく法人間の結合、協同組合といくつかのアソシエーション間の結合となり、協同組合やアソシエーションがフェアトレードの店舗（ワールドショップ）を運営する形となった。

ここにおいてＣＴＭの役割は協同組合連合体のそれと同じものとなる。すなわち業務上の調整役となり、加盟する各組織に必要なサービスを提供し、起業を助け、経営事務の上の援助を提供する。ワールドショップの新規設立を促進し、開店と宣伝を助け、人材育成に協力し、さまざまな面での公正性に配慮する。透明性、公正な主張、名声等の要素の上に築かれた事業であるがゆえに、人びとへの情報発信がきわめて重要視される。ＣＴＭは何よりもまず仕入れの中心であるゆえに、加盟組織の業務状況を支援し、南の生産者との連携、加工品の場合には加工業者との連携に配慮し、加盟諸組織とりわけ協同組合への製品供給に力を注ぐ。

今やＣＴＭは、三五〇のワールドショップを経営する一三〇の協同組合およびアソシエーションを束ねる連合体となり、その二〇〇六～二〇〇七年の事業高はおよそ三〇五〇万ユーロにまでのぼった。ＣＴＭはイタリアにおけるフェアトレード輸入の中心的存在であり、世界的に見てもこの分野で第二位の地位を占めている。その構成員の中には、マルタ、ギリシャ、ポルトガルの組織も含まれている。ＣＴＭは、南の世界の人びとのためにマイクロクレジットのさまざまな企画を支援しており、イタリアにおける倫理的ファイナンスの主体としては、「倫理銀行」に次いで第二の地位にある。イタリアにはＣＴＭと並んで、いくつかの公正的輸入事業体が存在している。

たとえば、「自由な世界」はＢ型社会協同組合であり、世界の南と北の諸国の不利な立場の人びとに労働の機会を促進するさまざまな企画を支援している。そのほかにも、規模としては中および小といえようがきわめて質の高い活発な活動を展開している組織がある。この他にも、一九九二年からフェッラーラ市で活動する「オルターナティブ・トレード」、二〇〇二年に設立された「クオリティ」などがあり、また二〇〇一年にパレルモ市に設立された「持続可能な交易」は、第三者のために公正的取引の産物を輸入し、類似の団体や個々の「ワールドショップ」に卸している。さらに、一九九五年にフィレンツェ市に設立された「フェアランド」、同じ年にラパッロ市およびジェノヴァ市に設立された「別世界の物産」、一九九三年にコモ県カントゥ町に設立された「公正的市場」などは、アジアおよびアフリカの手工芸製品を輸入している。

「ワールドショップ」についていえば、今やヨーロッパ全体におよそ二八〇〇店舗が存在しており、消費者とフェアトレードを結びつける環の役割を果たしている。それぞれのワールドショップは、法人格、組織方法、役割等々の面で、実際上、等質ではなく多様である。

イタリアにおけるワールドショップは、フェアトレードの産物の販売という点で、大流通機構に先んじて重要な役割を果たしている。それは、一九九〇年代において、はじめは北部イタリア、そしてしだいに中部・南部イタリアにアソシエーションとして生まれたが、次第にその経営形態に効率性と経済性を付与するために協同組合の形式をとるようになった。

イタリアのワールドショップのなかで事業高および雇用労働力という面で最も高い評価を得ているのは、ミラノ市にある「キーコ・メンデス」である。これは一九九〇年に学生たちのグループによって組織されたもので、ブラジルで大土地所有者たちの手で殺害された労働組合員の名を冠している。つぎに事業高の点で第二位に位置するのが、トレント市にある「マンダカル」［ブラジルのサボテンの一種で、不正に対する闘いの象徴とされている］であり、組織の戦略的意思決定にも関与する活発なボランティアの存在を特色としている。このほかにも経済的には小さな、少数の自主的な構成員に支えられるグループがいくつも存在している。

ワールドショップは販売活動のほかに活発な情報機能を発揮している。すなわち、地域の学校、教区、お祭り、宗教的祭礼等々において教育的提案や啓発活動、イベントなどを組織している。公正的取引の産物を知らしめ普及させるために試食会を組織している。

公正的連帯的取引とは何か、それは何をめざしているのだろうか。それは協同主義活動の一つの新しい方策である。消費協同組合は、その草創期において、経済的にもっとも脆弱な人びとを組合員として組織し、商品の価格／質の関係において良好な食糧を手に入れ、購買力を向上させるのに役立った。こんにち、同じ形式が、すなわち消費協同組合や社会協同組合が、第三世界の小生産者たちの労働に尊厳を付与することに役立っている。(原注6)

(3) 協同組合は大義を主張する

イタリアにおいて、また他の諸国においても、協同組合企業は、多くの場合、フェアトレードに事業実務的活力をあたえるに適した手段となっている。協同組合のもっとも革新的な形態をめぐって新たなフロンティアが語られてきている。すなわちここにおいて、〝もう一つの世界の可能性〟とは何か、という具体的論点に到達しているのであり、そこにおいて協同組合が――少なくともその一部分が――幸いなことに関与しているのである。(原注7)「財布による投票」との指摘があるが、これは、消費者としての市民は政治での投票のほかに、市場および企業を一定の方向に向ける力強いメカニズムを有している、ということを指す。日常的な消費を選択することにより、それは広範な経済システムに前向きな影響をおよぼしうる。それは、たとえば、特定のテーマについて供給業者たちを敏感にさせる。

市民が倫理的指向の財を求めるようになれば、営利企業も市場から見放されないためにそうした要望に応じるよう備えるであろう。こうして有徳的「同型化現象」（アイソモーフィズム）が起動し、伝統的企業が公正［的連帯的取引の］事業を模倣する。

もう一つの世界は可能だ、という考えが具体化されるためには、営利企業の「首根っこを押さえる」ことが必要であり、それは世界的規模での諸資源の再分配の規範の作り替えをめざして、経済的刺激と人びとの評価とを舞台に演じられる。しかし、あらゆる「中心」が「周辺」をかかえているのと同じように、世界には新たな「南」が発生している、「北」は「南」をかかえている、という認識――自覚といってもよかろうが――が必要である。たとえばイタリアにおいては、フェアトレードに似た事業は、グローバリゼイションの気まぐれに翻弄され、流通の主要な経路から取り残されている南イタリアの零細生産者たち、あるいは都市周辺の零細生産者たちを救済することをとおして発展しうるかもしれないのである。

最後に、協同組合形式の――それのみではないが――公正的連帯的取引のワールドショップは、諸経費を削減し合理化を図ることによって、公正的連帯的取引の産物の末端価格を伝統的企業の末端価格に近づけなければならない。両価格の値幅が依然として存在している。ワールドショップに赴く消費者は、慈善を施しているのだ、ワールドショップは市場外の存在なのだ、という好ましからざる思いにしばしば駆られる。誰でもがワールドショップに赴くのではなく、いわば選ばれた人が赴くのだ、という思いである。フェアトレードが定着するためには、ワールドショップに赴くことが偶発的行為ではなく日常的行為にならねばならないであろう。

【原注】

（原注1） Borzaga-Janes, 2009; Janes-Tortia, 2010.
（原注2） Borzaga-Mittone, 1997.
（原注3） Borzaga-Failoni, 1990.
（原注4） Guadagnucci-Gavelli, 2004.
（原注5） Viganò, 2008.

（原注６）Viganò-Glorio-Villa,2008.
（原注７）Becchetti-Di Sisto-Zoratti,2008.

【訳注】

（訳注１）国立統計局『イタリアにおける社会協同組合 二〇〇五年』、ローマ、二〇〇八年（ISTAT, *Le cooperative sociali in Italia*.Anno 2005. Roma 2008）.

（訳注２）「プレカリアート」（precariato）は、イタリア語の〝precario〟（プレカーリオ）と〝proletariato〟（プロレタリアート）を組み合わせた言葉。プレカーリオは「不安定な、仮の、一時的な」という意味の形容詞。市場原理派のヘゲモニーのもとにグローバリゼーションが進行し、市場競争の激化、労働市場の狭隘化、非正規労働契約の増加等々の現象がつよまるなか、社会的・経済的に不安定な労働者層を指す言葉として世界中で用いられるようになった。どこでいつ生まれた言葉かあきらかではないが、今世紀初頭、ローマの市街に現われた落書が起源、とする説もある（ロナルド・ドーア著、石塚雅彦訳『働くということ』、中公新書、二〇〇五年、一〇七頁、参照）。

（訳注３）「一九七七年六月一日の法律第二八五号」（Legge 1° giugno 1977, n. 285）は、若年層の雇用機会および職業訓練機会の拡大を目的とした法律。

（訳注４）マルコーラ法（legge 27 febbraio 1985,n. 49）は、一九八一〜八二年に商工相を務め、法成立に尽力したマルコーラ（Giovanni Marcora, 1922 − 1983）の名を冠してこのように呼ばれている。マルコーラは、戦後の政権党「キリスト教民主党」（ＤＣ）の〝左派〟に属した政治家。一九七二年の〝良心的兵役拒否法〟（legge 15 dicembre 1972, n. 772）の成立に貢献したことでも知られる。

（訳注５）労働組合全国組織。イタリアでは近代における政治的・社会的運動の組織は、伝統的にカトリック系、社会主義系、共和主義―自由主義系に分岐している場合が多い。労働組合組織もその典型的な例の一つである。「イタリア労働総同盟」（ＣＧＩＬ／Confederazione Generale Italiana del Lavoro）は一九〇六年に結成された「労働総同盟」（CGdL/Confederazione Generale del Lavoro）の流れをくみ、ファシズム期に解散されたのち一九四四年に再建された、イタリア最大の労働組合連合体である。現在の組合員は約五七五万人（内、年金生活者組合員が三〇〇万人）といわれる。「イタリア労働者組合総連合」（ＣＩＳＬ／la Confederazione Italiana

Sindacati Lavoratori）は、一九四八年にＣＧＩＬを離脱したカトリック・グループが一九五〇年に結成した労働組合連合体で、こんにちの組合員は約四五〇万人（内、年金生活者組合員は約二二〇万人）とされる。「イタリア労働連合」（ＵＩＬ／l'Unione Italiana del Lavoro）は、一九四九年にＣＧＩＬから離脱した共和党系、社会民主党系、一部社会党系の人びとが一九五〇年に結成した労働組合連合体で、現在の組合員は約二二〇万人（内、年金生活者組合員は約五八万人）とされている。

　労働組合の全国的連合組織はこれ以外にも存在するが、上記三組織が最も有力であることから、これらを労働組合三大ナショナルセンターと呼ぶことが多い。

（訳注6）「取引」、「通商」と訳されるイタリア語は“commercio”である。本章で論じられる、“commercio equo”,“commercio equo e solidale”は、「公正（的）取引」、「公正的・連帯的取引」と訳されるべきとも思われるが、わが国では「フェアトレード」という言葉が普及しているため、本書でもこれに配慮した訳語を多く採用した。

（訳注7）フランス・ファン・デア・ホフ（Frans van der Hoff, 1939-　）は、オランダ出身の神学者。一九六八年に神学校に入り、叙任されるや宣教師としてチリに赴く。七三年九月、ピノチェト将軍らによるクーデタの迫害からメキシコに逃れ、以降、メキシコで活動を続ける。八六年、経済学者ニコ・ローゼンとオランダで会談し、ここからヨーロッパにおけるフェアトレードがはじまったとされている。

（訳注8）ニコ・ローゼン（Nico Roozen, 1953-　）は、オランダの経済学者にしてフェアトレード事業の指導者。ファン・デア・ホフと協力しヨーロッパでのフェアトレードの事業を創出した。現在は「オランダ連帯発展協会」理事長。

第六章　ガバナンス／〝大きくなる〟戦略

第一節　幾つもの魂をもつ企業

協同組合企業は社会の近代化に貢献し、生来のものに見えた自らの限界を克服してきた。すでに観察したように、協同組合企業は著しい発展を遂げてきたし、それは一九七〇年代以降とくに顕著である。

近年における協同組合企業の成功は、その組織的戦略をもって説明できよう。それは、協同組合への融資を促進する方策、協同組合ナショナルセンターによって行使される政治的調整、業種別連合会という形式による機能的調整、さらに最近では「協同組合グループ」という形式での機能調整、等をあげることができる。こうしたことから、次のような状況が生じている。すなわち、自己の企業パフォーマンスについての確信が生まれる一方、「協同組合グループ」の形成（一言でいえば、ネットワークの経済を志向すること）により協同組合陣営がかかえる〝資本主義的弊害〟にたいする疑念、協同組合原則と価値からの離反にたいする疑念が生じている。(原注1)

まず、ナショナルセンターの役割が重要であるので、ここから考えてみよう。すでに本書「はじめに」において触れたように、ナショナルセンターとしては「協同組合・共済組合全国連盟」（Legacoop）、「イタリア協同組合総連合」（Confcooperative）、「イタリア協同組合総協議会」（ＡＧＣＩ）、「イタリア協同組合全国連合」（Unci）、「協同組合イタリア連合」（Unicoop）がある。最初の二つが、協同組合数、業績高、従業員数のどれをとってみても二大センターである。「協同組合・共済組合全国連盟」は「新しい〝流れ〟の前兆」として一九九六年に従来の「レーガ」（Lega）という略称を「レーガコープ」（Legacoop）に変更し、併せてロゴも変更した。(原注2)「イタリア協同組合総連合」の「コンフコーペラティーヴェ」(Confcooperative) という呼び名は、一九六七年に月並みな「イタリア協同組合総連合」"Confederazione cooperativa italiana" という呼称を「イタリア諸協同組合の総連合」"Confederazione delle cooperative italiane" に改称して以来の略称である。(原注3)

どのナショナルセンターも、それぞれの文化的伝統はともかくとして、各自異なる戦略を掲げ、全国にわたってそれぞれ地方組織を備えてきた。ここに一つ重要なテーマが存在する。協同組合をそれ自体で企業とみなすのは無意味だ、という考え方である。これは一種の未成熟な考え方である。なぜならば、協同組合は明らかに企業であり、企業システムを構成する一部分であり、広範な運動の一部である。そして協同組合企業は自らの理念にしたがってナショナルセンターに所属して運動を構成する。付言するならば、ナショナルセンターはすべての協同組合を包含しているわけではない。幾多の協同組合はナショナルセンターに包含されずに、自立の立場を選んでいる。一九九〇年代の調査によれば、全協同組合の内のおよそ四〇%(これらの協同組合のすべてが稼働しているわけではない)は、どのナショナルセンターにも属していない。(原注4)

こうした状況にもかかわらず、組織的結合は協同組合の発展に大きく貢献している、あるいは、少なくとも協同組合発展に部分的に貢献している、といえよう。時には組織的結合は協同組合発展の必須の要因ともされる。

二大ナショナルセンターは、自らの戦略を推し進めるなかで、二つの面で政治力を組織してきた。第一は、横断的と定義しうる面であり、各協同組合の事業内容は別にして当該地域の加盟協同組合を地域的に統合する。事業別組織についていえば、レーガコープの場合は、州単位の連合および県単位の連合に組織されており（ＡＧＣＩおよびＵＮＣＩの場合もこれに準じる）、他方、コンフコーペラティーヴェにおいては、県単位でのみ組織化されている（地域的代表権も県連合に委ねられている）。Ｕｎｉｃｏｏｐの場合、州単位、県単位、県を跨いだ単位で組織化されている。第二の面は、イタリア協同組合運動の二大ナショナルセンター内での組織であり、それは垂直的な、業種別の組織である。すなわち、コンフコーペラティーヴェにおいては、信用、消費、農業関係事業、建築関係事業等が事業種別連合に組織化されており、レーガコープにおいては、州単位、県単位または全国単位で事業種別に組織されている。[原注5] Ｕｎｉｃｏｏｐにおいては「部」単位に、そしてＡＧＣＩおよびＵＮＣＩにおいては「協会」単位に組織されている。

こうしてコンフコーペラティーヴェにおいては、一九四九年から五〇年にかけて「生産・労働協同組合連合会」、「農業協同組合連合会」が生まれ、五一年には「共済組合連合会」（Federmutue）が生まれた。また「建設協同組合連合会」（Federedilizia）および「消費協同組合連合会」（Federconsumo）は五〇年代中期に現われ、さらにそのあと一九六七年には「信用協同組合連合会」（Federcasse）が、そして最後に一九八八年には「社会連帯協同組合連合」[訳注1]（Federsolidarietà）が誕生した。[原注6]

レーガコープのなかでは、一九五七年に「農業協同組合全国連盟」（ＡＮＣＡ）が発足し、またその前年には「生産・労働協同組合全国連盟」（ＡＮＣＰＬ）が設立されていた。同じく一九五七年には「消費者協同組合全国連盟」（ＡＮＣＣ）が生まれ、一九七三年には「小売業者協同組合全国連盟」（ＡＮＣＤ）が設立された。一九九〇年には「サービス業・観光業協同組合全国連盟」（ＡＮＣＳＴ）が誕生したが、これは「サービス業協同組合全国連盟」と「観光業協同組合全国連盟」が合併したものである。その後も続いていくつかの連合体が形成されたが、なかでも社会協同組合間の調整を目的に二〇〇五年に結成された「社会協同組合全国連盟」と、文化・マスコミ関係の協同組合を組織する「ジャーナリズム・出版・コミュニケーション協同組合連盟」（Mediacoop）が想起されるべきであろう。

協同組合運動の政治的・組織的・社会的な認知が徐々に定着したのは、事業別の組織化がすすんだからであり、運動が理念を表現しているからであり、運動の足場が築かれた環境のなかで事業が展開されているからである。

ナショナルセンターは、ただ形式的に見れば協同組合を〝代表する〟機能をもっているとされるが、それとはやや異なる任務を帯びている、という指摘もある[原注7]。その指摘の意味するところは、協同組合ナショナルセンターは「イタリア工業総連合会[訳注2]」（Confindustria）、「イタリア商業・観光業・サービス業・自由業・中小企業総連合会[訳注3]」（Confcommercio）、「イタリア工芸・手工業総連合会[訳注4]」（Confartigianato）等々のような政治的・経済的利益代表組織とはやや異なる任務を帯びている、ということであろう[原注8]。

第二節　ナショナルセンターの役割

ナショナルセンターを治めることは、加盟各組織との関係の複雑性からして、また各組織との錯綜した結合関係からして、誰にとっても重責である。利害関係を代表する組織に身をおくことはしばしば重大な責務をともなうのであり、これをただヒエラルヒーとして片づけるわけにはゆかない。こうしたことからナショナルセンター間、加盟組織間に愛憎関係が生じる。ナショナルセンターは結合機能を発揮せねばならないが、時として状況を利用して分断を促進する。また時には理念や活力を盛り上げ、ある場合にはそれを抑制する。そうした競合・対立関係のなかでのみ、ネットワーク関係の弁証法、ネットワーク関係内弁証法は作用しているのであり、ネットワーク関係が新しい状況や要請に適応して発展し成熟してゆくのである。それは〝企業が織りなす網状組織〟というよりも〝網状組織の企業〟のシステムである。協同組合間の相互依存関係、協同組合と連合体との相互依存関係、連合体間の相互依存関係、各協同組合・連合体・ナショナルセンター間の相互依存関係からして、意思決定の場はますます多様になっている。こうした結合関係から発生する義務は、各構成組織の自律性に作用するが、かといって各構成員の自由を束縛するわけではない。

ナショナルセンターの機能としては、代表権機能、統制機能、相談機能を区別できるが、協同組合経済の方針提示機能、統治機能も含まれる。ナショナルセンターの根本的な目的は政治的・組織的な目的であるが、それは協同組合関係の法規を発案し、協同組合の方法・価値・文化を広めるために、協同組合運動の要求を発信し、政治および立法機関との関係を取り持つことである。

統制機能の活動は、ナショナルセンターが自己の加盟組織に対して毎年または隔年ごとに（期間は協同組合の業種によって異なるが）定期的に行使する監査を指す。これは協同組合主管省としての「経済発展省」がナショナルセンターに委託する機能であり、ナショナルセンターに加盟しない協同組合に対しては同省が直接行使する機能である。これはナショナルセンターの〝自己統制〟機能であり、会計・経営・諸文書の適法性を審査するものである。これはまた、協同組合原則および価値が日常活動のなかで遵守されているかどうかをも審査する。

さらにナショナルセンターから加盟組織に与えられるさまざまな機能、たとえば、経営面やガバナンス面にかかる支援、経営面にかかるノウハウ、相談や研修、マーケティング、戦略的方針の策定とそれにかかる諸企画、協同組合のガバナンスを向上させるための調査・研究、等々の機能、さらには、さまざまな立場を調整し、対立を融和し、緊張関係を緩和する、などの繊細な機能、こうしたものが戦略的に重要な機能である。

第三節　企業経営の補完

協同組合企業と運動の関係を考えるとき、ネットワークの形成という考え方は、目の前にある幾つもの好機の一つというよりも、協同組合事業をすすめる自然な方法といえよう。それは多種多様な土台の上で自らの力を強化し調整する方法であり、政治的・組織的代表権のための方法ではない。

実際のところ、個々の協同組合と地域単位の連合体の間で、そして地域単位の連合体と全国連合体との間でというように、複数の土台の上で相互作用が展開されることは、協同組合事業経営上の統合作用なのである。これは〝小規模にして大規模な〟協同組合のパラドックスであり、連合体の活動とその便益を如実に示している。

協同組合の第一次組織は中小規模の企業であり、これが〝前線〟の役割を果たす。第一次組織は、地域あるいは限定された領域における末端需要に直接的に接し、財およびサービスの生産の最終過程と直接的に繫がっている自立的供給者として立ち現われる。協同組合の第一次組織を中小規模に抑えておこうとする試みは、組合員の参加と地域性を大切にしようとする考えに発している。

大規模ということがそれ自体で協同組合の民主主義を損なうものではない。しかし、言葉のうえではなく、また投票のみで表現されるものではない、事実として実践される参加を通じてのみ、顔の見える関係をとおしてのみ、事業体の環境は良好なものとなることも真実であろうし、またそれは高く評価されうる要因であろう。

それ故、〝制御可能規模〟という要因は協同組合が有する重要な利点であるが、それは同時に限界を有することも忘れてはならない。小さな規模の協同組合は協同組合に不可欠ないくつかの機能を独自に組織することが難しい。たとえば、研修、高額の受注や発注、有望市場への進出、などである。またさらに零細規模の協同組合の場合には、経理や事務管理のいくつかの点など複雑かつ繊細な問題は負担が重いものである。

協同組合のこうした側面は、規模がある程度の水準に達していれば首尾よく処理しうるものである。しかしこの場合、協同組合にとってもっとも大切な側面、すなわち参加という側面、民主主義的運営という側面が後退するかもしれないという危険がともなう。

そこで、直感的にも考えられるのだが、連合体による梃という媒介が現われる。すでに見たように、連合体は二十世紀七〇年代から八〇年代に大いに発達したが、この梃こそが発生以来の連合体の機能なのである。

連合体はまさに複数の協同組合が織りなす協同組合であり、協同組合の第二次組織であり、その組合員は個人ではなく協同組合である。規模の利点は、一つの協同組合による規模拡大、合併、吸収の過程をもって得られるものではなく、適切な〝ネットワークのシステム〟をもって得られる。幾多の協同組合が構成する連合体が有する意義は次の点にある。

　すなわち、縦系列に強く統合され中央集権化される大企業モデルではなくして、幾多の中小規模事業体と連合体に依拠して大企業の利点をも享受しうる経営モデルを意識的に求めていることである。その経営モデルは、小企業の利点と大企業の利点を結びつけるネットワークである。要するに規模の経済と目的特化政策とをめざす経営方法である。

　連合体は個々の協同組合とは異なり、最終製品の市場には関与せず、一次組織たる個々の協同組合が発展するための基本的かつ技術的サービスを提供する。連合体システムの特色は、幾つものレベルで協同組合を統合することであり、まず第一に地域レベルで統合を図る地方連合体があり、そしてこれがさらに次の段階の全国連合体に統合されるのである（全国連合体は、第一次組織の単協を含む場合もある）。

　すべての単協が連合体に所属しているわけではないと同様に、すべての連合体が全国連合体に結びついているわけではない。しかし連合体システムが実行されているところでは、その効果が現われている。ここで想起されるべき例としては、「ジーノ・マッタレッリ連合会」（CGM）[訳注5]と「サービス事業全国連合会」（CNS）[訳注6]がある。前者は社会協同組合を結集する地方連合体を束ねる全国的連合会であり、後者はサービス産業分野での、特に「ファシリティ・マネジメント」分野での活発な協同組合を束ねるネットワーク協同組合連合会である。[原注9]さらに農業協同組合の連合会、生産・労働協同組合の連合会、着実な請負業務を獲得するための建設業協同組合連合会も普及している。

第四節　資本調達方策

イタリアの協同組合事業におけるこの数十年間の強化、規模拡大の推進力は、ネットワークの構築策と並んで、法制度面からも発せられた。それは、従来から存在した限界、すなわち資産が脆弱であり、新しい資本の呼び込みが難しいという限界を乗り越える法律が発せられたことである。

第一の財政的方策は、「組合員貸し」といわれるもので、組合員が自己の貯蓄を銀行に預金する代わりに自らの協同組合に積立てるよう促す方策である。この方策は、消費協同組合、農業協同組合、それに一部の労働・生産協同組合で広く実行されている。その他の業種の協同組合ではほとんど実行されていない。

この組合員貸しは、歴史的には、事業体の重要投資を支えるために、あるいは財政危機に対処するために、または新たな財政方針確立をめざして流動性資金を得るために実行される。一般に「小改革」と呼ばれる法律（一九七一年法律第一二七号）は、この方策に訴えることを目的としている。この法律は、組合員個人が拠出しうる上限を二〇〇万リラ［一ユーロ（€）＝一九三六・二七リラ（Lit.）］に引き上げ、組合員が組合員貸付の名目で拠出した資本（上限三〇〇万リラ）の利子に対する税（カテゴリーA動産税）を免除した（但しこの資本は組合の維持に資するものでなければならない）。この措置の寿命は短く、一九七三年の税制改革法に盛られた、協同組合にたいする税制優遇措置によりその役割を終えた。

その後、自己調達をとおして協同組合資本を強化する努力が何回かにわたって続いた。この流れのなかで分水嶺となったのは、「パンドルフィ法」（一九七七年法律第九〇四号）（訳注7）であり、特にその第一二条であった。この条項は、組合員に分配されずに不分割留保金に充当される利潤については免税とした。すでに見たように、協同組合が手に入れた〝特典〟には代償がある。組合員は、留保金に充当された利潤については組合の存続中にも廃業後にも、これを受け取ることはできない。留保金に編入された利潤は公益目的に——こんにちでは「協同組合相互扶助基金」——に向けられる。この方策のゆえに、協同組合は毎年辛抱強く利潤のわずかな部分を積立て、それがついにはめざましい額にまで達するのである。こうした資金が協同組合の資本形成、成長、拡大に貢献したのである。

その後のいくつかの改革もこの歩みを強め改善した。「第二ヴィゼンティーニ法」（一九八三年法律第七二号）（訳注8）は、「協同組合グループ」（gruppo cooperativo）——後段で触れるが——設立への道を切り拓いた。つまりこの法律は、協同組合が自ら有限会社あるいは株式会社を設立すること、および有限会社あるいは株式会社の構成員になることを認めた。これは協同組合に従来とは異なる資本調達の方策を探ることを、すなわち資本市場へ参入する可能性、証券市場に訴える可能性を認めたのであった。

大きな期待と多少の憂慮のもとに成立した一九九二年法律第五九号は、資本調達に関して二つの新しい方策を導入した。それは「賛助組合員」（socio sovventore）と「参加株」（azioni di partecipazione）というものである。「賛助組合員」は、特別な組合員であり、債権者でもなければ投機家でもなく、十全の組合員である。すなわち「賛助組合員」は、組合のリスクには関与するが組合内取引には関与せず、複数の議決権（上限五票）を有するが、この組合員の総票数が総会における総票数の三分の一を超えてはならない、というものである。この組合員は協同組合内にあって、ある面では協同組合を援助し、ある面では投下資本の利潤を受け取る組合員である（その配当利潤率は他の組合員のそれを二％を超えて上回ってはならない)。

「参加株」は、組合員の間で売買可能なもので、幾つかの制約〔議決権無し、発行額は不分割留保金の範囲内、等々〕はあるが優先的な利潤配分を享受できる。

一九九二年法律第五九号のもっとも意義深い点は、「協同組合相互扶助基金」(第二章の訳注5参照)の創設を盛り込んだことである。この基金は協同組合ナショナルセンターの提案に発したもので、社団または株式会社の形式で運営され、全協同組合の毎年の利潤の三%および廃業した協同組合の残余財産によって構成される。この基金は、危機に瀕した協同組合の救済、新規起業の協同組合への融資、協同組合振興策、協同組合の価値・経営の教育、のために利用される。

この基金はナショナルセンターに管理が委ねられたため各ナショナルセンターは直ちに準備にとりかかり、一九九三年にはレーガコープが「株式会社ジェスティフォルム・レーガ」(Gestiform Lega Spa)を設立し、これは九八年に「コープフォンド」(Coopofond)と改称された。さらにコンフコーペラティーヴェは「フォンド・ズヴィルッポ」(Fondosviluppo)を設立し、AGCIは「ジェネラルフォンド」(General Fond)を、UNCIは「プロモコープ」(Promocoop)をそれぞれ設立した。(原注10) トレント県の〔協同組合の統一組織たる〕「トレント県協同組合連合会」(訳注9)も「プロモコープ」(Promocoop)を設立したが、名称は同一でもUNCIのそれとは別の組織である。(訳注10)

協同組合相互扶助基金は、協同組合システムの連帯を強める方策であるが、協同組合運動全体の利益に資する一種の外延的扶助の基金である。したがってこの基金は、ただ単体協同組合のみでなく協同組合運動全体、すなわち協同主義事業全体を支える手段である。

第五節　協同組合グループ

協同主義事業は、さまざまな要因の相互補完的関係によって著しい成長を遂げてきた。まず全体的規模の点で成長した。一九七〇年代および八〇年代には特に資本の自己調達によって、そして九〇年代後半以降は、幾分かは「協同組合グループ」(gruppo cooperativo)の形成によって成長した。

協同組合企業は「協同組合グループ」のお蔭で高い目標を達成することができ、市場占有率を少しずつ拡大し、地域的な広がりにも成功しており、時には当該分野の優良企業にまでなっている。しかしこの「協同組合グループ」に対しては批判も向けられている。それは協同組合運動のなかに困惑を呼び起こしている。

この「協同組合グループ」という組織的方策について、ここで簡単に述べておこう。協同組合は単独で起業することもあれば、起業後に株式会社や有限会社の設立に、あるいは持株会社や金融持株会社の設立に参加することもできる。協同組合が「協同組合グループ」に参加するとき、株の多数派を有する場合もあれば、少数派として参加することもある。少数派として参加する場合、協同組合は支配権を有しない。この場合、このグループは混合参加グループであり、その参加は協同組合的参加ではなく、利潤追求的参加である。そこにおける協同組合とグループの関係は、拘束的・命令的なものであり、協同組合が協同組合連合体と結ぶ関係とは異なり、ガバナンスはマネジャーに委ねられる。そこにおける魂は協同組合的であっても、それは資本主義的専制によって支配される。

協同組合に生来的な脆弱性――資本を呼び込む力の弱さ、グローバル市場での競争力の弱さ――に対処することが協同組合グループへの参加の目的である。いくつかの協同組合――レーガコープのそれが多いが――はこうしたグループ参加の道を選び、経済的効果の点で見るべき成果をあげている。すなわち新しい製品をもって未開拓の市場に進出し、海外市場にも手を伸ばし、諸経費の削減に成功し、惰性を克服している。つまり競争力を高めている。

しかし杞憂は消えない。それは昔を懐かしむ協同組合人のなかでのみならず、第一線で活動する協同組合人のなかにも見受けられる。もっとも厳しい批判は、営利と非営利の混在、協同組合が支配するあるいは参加する複数の資本的企業の混淆に関する、そしてその危うさに関するものである。そこにあるのは、協同組合が有する独創的な価値と原則が喪失するのではないか、理念的緊張感が薄れるのではないか、相互扶助と連帯の文化が衰退するのではないか、という危険性である。価値の喪失にたいする憂慮は別にして、協同組合というモデルが汚されないように事態は管理されねばならない。

何よりも大切な問題は、協同組合グループのガバナンスおよびその指導者の選定である。協同組合が小さい規模にとどまっているあいだは、その組織構成は、総会、理事会、理事長のみという簡易なもので済んだ。この場合、理事長は民主主義的方法で選任されるが、理事長に求められているのは知識や権限に精通していることのほかに、組合員の大多数に親しまれ信頼されていることである。実務責任者の選任についても、その選任基準は経営能力や戦略的見識といった能力主義ではなくして、組合員の直接的知り合いということでなければならない。したがって組合員の順番制か、組合のなかで経理能力にすぐれた人物が選ばれる。

小さな協同組合ではこうした方法で事は済んだ。しかし大きな事業高、系列会社を抱え、従業員が何十人もおり、外国市場とも関係がある、といった状況の場合、協同組合や協同組合グループは有能なマネジャーの手に委ねざるをえない。規模に応じた統治能力が必要であり、さもないと間違った意思決定や投資および戦略的決定が不可避となる。巨大な経済になってもガバナンスは必要である。

第二の問題は、実務従業員および組合員の教育である。適切な教育が施されていれば、危険な状況は回避できるであろう。実務者たちは協同組合をより安全な方向に導くであろうし、組合員も権限をもってその方向を監視できるであろうし、もし間違いが生じた場合には、組合員は指揮者を替えるであろう。危険が生じた場合、別の方策が機能せねばならない。

すなわち、組合員が情報を掌握していなければならないし、意思決定を変更できる状態に置かれていなければならない。なぜならば、ただ参加するだけの組合員は組合活動を制御する力を持たないし、会計を読み取ることもできないからである。他企業、協同組合、関連企業を指導し統制すること、この二つの事柄はきわめて大切である。この二つが機能しないならば、企業参加は茶番となり、民主主義を語ることが無意味となる。

これと関連して重要なのが、情報の透明性、組合員の役割、という問題である。組合員は主人公でなければならないし、意思決定——大きな協同組合あるいは協同組合グループの場合にはきわめて複雑な意思決定——に関与せねばならない。それゆえに、マネジャーのみならず組合員も訓練を積まねばならないし、重大な戦略的意思決定は共有されねばならない。組合員数が数千にも達した場合の運営も問題であり、総会をいくつかに分けることも一つの方法である。

いずれにしても協同組合および関連会社を導く能力を有する者でなければならず、そして組合員はマネジャーを統制し、役割を果たさないときはこれを更迭できる状態に置かれていなければならない。これは協同組合形態に含意される責任であり、これが真に実行されねばならない。

【原注】

（原注１） Zamagni, 2006.
（原注２） Zamagni-Felice,p. 145.
（原注３） Cafaro, 2008.
（原注４） Fornasari-Zamagni, 1997.
（原注５） Zamagni-Felica, 2006,pp.31-50; Fornasari-Zamagni, 1997.
（原注６） Cafaro, 2008; Borzaga-Janes, 2006.
（原注７） Menzani-Zamagni, 2009.
（原注８） Ibid.
（原注９） Battilani-Bertagnoni, 2007.
（原注10） Menzani-Zamagni, 2009.

【訳注】

（訳注１）「社会連帯協同組合連合」（Federsolidarieà）。通称・略称「フェデルソリダリエタ」（Federsolidarietà）はナショナルセンター・コンフコーペラティーヴェ（Confcooperative）に結集する社会協同組合の連合体である。
「社会協同組合」（Cooperativa sociale）は、すでに触れられているように一九九一年の「社会協同組合法」（legge 8 novembre 1991, n.381）をもって成立した新たな法人格を付与された協同組合であるが、コンフコーペラティーヴェ内においてはそれ以前には「社会連帯協同組合」（cooperativa di solidarietà sociale）と呼ばれ

ており、その連合体として一九八七～八八年に「社会連帯協同組合全国連合」（Federsolidarietà／Federazione nazionale delle cooperative di solidarietà sociale）が形成された。この連合体は、社会協同組合法成立後にはその略称は維持したまま「社会協同組合・社会的企業・共済組合全国連合」（Federsolidarieà／Federazione Nazionale delle Cooperative Sociali, delle Imprese sociali e delle Mutue）と改称されて現在にいたっている。

（訳注2）「イタリア工業総連合会」（Confindustria/Confederazione generale dell'industria italiana）は、一九一〇年に設立された製造業およびサービス業の企業連合体。現在、約一四万八〇〇〇企業を結集し、その傘下の従業員は約五四五万人とされる。内部には、二四業種別の連合体があり、また地域別には一六の州連合、九八の地域連合がある。

（訳注3）「イタリア商業・観光業・サービス業・自由業・中小企業総連合」（Confcommercio/Confederazione Generale Italiana del Commercio, del Turismo, dei Servizi, delle Professioni e delle PMI）は、第三次産業の企業の全国連合体。およそ八二万企業を結集している。

（訳注４）「イタリア工芸・手工業総連合会」（Confartigianato/Confederazione Generale Italiana dell'Artigianato）は、工芸・手工業・小零細企業分野の企業の全国連合体。一九四六年に設立され、一九五五～二〇〇六年まではConfederazione Generale Italiana dell'Artigianato（CGIA）と呼ばれていたが、現在は“Confartigianato Imprese”または単に“Confartigianato”と呼ばれている。現在、約七〇万企業を結集している。

（訳注5）「ジーノ・マッタレッリ連合会」（CGM／Consorzio Gino Mattarelli）は、イタリア最大の社会協同組合・社会的企業の連合体。一九八七年に結成されたカトリック系の全国的連合体で、ナショナルセンターコンフ・コーペラティーヴェに属する。現在、約八〇の各地連合体で構成され、その傘下には約一〇〇〇の社会協同組合、一四〇の非営利団体がある。

　ジーノ・マッタレッリ（Gino Mattarelli, 1921-1986）はキリスト教民主党の政治家。一九五八～七六年に国会議員を務め、協同組合運動の発展に、特に社会協同組合の成長発展に尽くした。

（訳注6）「サービス事業全国連合会」（CNS／Consorzio Nazionale Servizi）は、個人、企業、地方公共団体を対象にさまざまなサービス（ファシリティ・マネジメント、清掃、営繕、施設管理、設営、配食、環境、エコロジー、配送、移動支援、旅行・観光支援等々）多岐にわたるサービスを提供する企業約二三〇の集合体。一九七七年設立。本部はボローニャにあり、全国九都市に支所がおかれている。公共事業の受注も多い。ナショナルセンターはレーガコープに属する。

（訳注7）　通常、この法律は、所管する当時の財務相パンドルフィ（Filippo Maria Pandolfi, 1927–　）の名を冠して「パンドルフィ法」と呼ばれている。

（訳注8）　ヴィゼンティーニ（Bruno Visentini, 1914-1995）は、第二次大戦後、行動党、共和党に属した政治家。一九七二年から死亡時まで国会議員を務め、特に税制改革の分野で活躍した。ヴィゼンティーニの名を冠して呼ばれる法律は三つあるが、一九七五年法律第五七六号（legge 2 dicembre 1975, n. 576）が「ヴィゼンティーニ法」と呼ばれ、一九八三年法律第七二号（Legge 19 marzo 1983, n. 72）は「第二ヴィゼンティーニ法」と呼ばれる。

（訳注9）　トレント県協同組合連合会（Federazione trentina della cooperazione）。トレント県は、特別州内の自治県という行政的・政治的に特殊性を有しているが、その協同組合運動・組織も独特な性格をおびている。協同組合運動はナショナルセンターが五つ存在するように、歴史的に地域の協同組合は組織的に複数の文化的・宗教的・政治的潮流分かれている場合が多い。トレント県の場合、大部分の協同組合は一つの連合体に結集している。この連合体は、ナショナルセンターとしては「コンフコーペラティーヴェ」に加盟している。

（訳注10）　ここに触れられている五団体の「基金」は法人格としてはいずれも「株式会社」として運営されている。

第七章　協同組合と政治

第一節　さまざまな運動系列

国際協同組合同盟（ＩＣＡ）が採択した原則の一つに、協同組合運動の非政治性および非宗教性という原則がある。これはイタリアにおいては一つの理論的な原則である。なぜならば、イタリアにおいて協同組合が中立であったことはないからである。政治は善かれ悪しかれ協同組合運動に干渉した。同じく宗教も、さまざまな地域で協同主義事業を促進したばかりでなく、協同組合を興し、しかもこれを自らのものとした。要するに、歴史的に協同組合のなかには、イタリア国旗（白、赤、緑の三色旗）と同じように、白い協同組合、赤い協同組合、緑の協同組合が存在することとなった。(原注1)

「緑」の協同組合とは、イタリア協同組合運動の草創期に中核をなし、共済組合の経験の伝統の上に現われたものである。それは非宗教的・自由主義的色彩をおびており、結社「青年イタリア」の創立者たるマッツィーニの考え方を反映している（マッツィーニはガリバルディ(訳注1)およびカヴールと共にわが祖国［近代イタリア統一国家］の父とされている）。こんにちの緑の協同組合にはこうした初期の経験、その方向性は消え失せている。歴史の一局面では共和主義的息吹が緑の協同組合の伝統とみなされていたのだが。

「白い」協同組合とは、十九世紀末期に当時の社会問題――イタリアの場合、それは農民問題を意味していた――に応じるために生み出されたカトリックの協同組合運動である。この協同組合運動は教会によって、とりわけ農民の傍らで生活し彼らの辛苦を熟知していた神父たちによって支持された。農村の神父たちは人びとの心をとらえる術を心得ており、人びとに協同組合を、何よりもまず「農村金庫」を興すよう諭す術を心得ていた。最も決定的な推進力は――すでに見たように――教皇レオ十三世による一八九一年の回勅「新しき事がらについて」（レールム・ノヴァールム）および教会の社会教義によって与えられた。第二次大戦後、白の協同組合運動の根拠地となったのは、トレント県、ヴェネト州、フリウーリ〔ヴェネツィア・ジューリア〕州、さらにはロンバルディア州、シチリア州である。当然のこととしてこれを支える政党となったのはキリスト教民主党（DC）であった。

次に「赤い」協同組合がある。この協同組合運動は最も活発で力強く、最も敵視される存在である。この階級的協同組合運動は、労働運動および農民運動の背骨的存在とみなされており、二重の糸で左翼政党およびその動向と結びつき寄り添っている。その第一の糸は社会主義であり、第二の糸は共産主義である。第二次大戦後は、共産主義がこの運動の主導権を握っている。この赤い協同組合運動の中心部はつねにエミリア・ロマーニャ州、トスカーナ州、ピエモンテ州、それにこれまたロンバルディア州である。

イタリア協同組合については、定まった歴史、定まった歴史学といったものは存在しない。幾つもの歴史があるのだが、そこから夥しい装飾を取り除いて見ると、二つの大きな隊列に辿りつく。一つはまさにあの白い隊列であり、その背後にはカトリック教会とキリスト教民主党がおり、もう一つは赤い隊列であり、これは左翼勢力と赤い地方自治体に支持されている。

これら二つの歴史は、しばしば〝偏向した〟立場を反映しており、いくつかの面では自らの出来事を表現することにも成功していないように見える。協同組合という事象は何よりもまず経済的論題――それに留まるものではないが――であるにもかかわらず、協同組合史における時代区分は政治史的なものに変換されている。こうして協同組合運動は、権力獲得をめざして、経済力の掌握をめざして不断に争う政党間の戦いの場で、双方の政党の力量を天秤に掛ける分銅となっている。そして協同組合運動は、時代と地域によって内容、濃淡、程度の差はあれ、政治および政党の性格をおびる目的を達成するための手段であった。その目的とは思想的拡大の争い、政治における賛否・是非をめぐる政治取引、等々であった。これだけではないが、これが政治と協同組合運動の関係であった。

　実際にはこうした関係のみが存在したわけではない。白い地域においても、赤い地域においても、協同組合運動は経済的に弱い人びとを救う手段であったが、人びとは必ずしもそこに政治的共感を抱いたわけではなく、なんとか暮らしを維持することに懸命であった。

　すでに触れた批判は当事者に届いたわけではなかった。政党との結びつき、すなわち運動の系列化は存在した。政党は自分と違う方向を協同組合運動がめざすと厳しい立場をとった。この問題については、グラナータの興味深い論文がある（原注2）。グラナータは協同組合と政治の関係の問題をとりあげ、歴史のなかで政治が協同組合運動に真っ向から対立したいくつかの事例を読者に示している。彼はその関係を〝対角線的〟関係と呼んでおり、最近の事例にも言及している。それは、二〇〇一年にベルルスコーニ政権（訳注2）とその財務相トレモンティ（訳注3）が赤い協同組合を脅かすためにとった措置を指している（原注3）。結局のところ、この措置は、協同組合ナショナルセンターおよび文化界の反対にあって頓挫をきたした。すなわちそれは二〇〇三年の会社法改正をもって終結したが、この法改正は熱い議論の結果であり、協同組合運動はこれを善しとした。

　こんにちイタリアの協同組合の法的性格規定のなかでは、相互扶助性優勢協同組合と相互扶助性非優勢協同組合が区別されている。すでに触れたように、前者は、組合員との取引関係が事業の五〇％を超える部分を占める協同組合であり、これに該当する協同組合は税制上の優遇策を享受できる。これに対し後者は、事業の過半数が組合員ではない一般顧客との取引関係が占める協同組合であり、これに該当する協同組合は税制上の優遇策を十全には享受できないが、利潤の内、不分割留保金に充当される三〇％については無税とされる。他方、相互扶助性優勢協同組合の場合、事業高の五〇％を超える部分が組合員との取引で実現しているときには、利潤の内、最大七〇％までが無税となる［第二章の訳注4参照］。

前述の〝対角線的〟関係は、ファシズムと協同組合の関係において明確に見てとれる。それは、ファシズムの擡頭期に協同組合人を脅迫し、協同組合の事務所を襲撃した武装行動隊の行為を想起すれば充分であろう。さらにその後、協同組合を受け入れ〝正常化〟しようとし、協同組合をファシズム協調国家のなかに取り込んだ行為を見れば明らかであろう。ファシズム協調国家は協同組合を取り込むなかで、恩顧関係および縁故関係のもとに、協同組合財産からの富を［支配層の］親族等に破格の対価で分け与えた[原注4]。そしてプロパガンダの役割があった。ファシズム以前の協同組合すなわち社会主義者およびカトリックの協同組合は信用できない、ファシズムは協同組合の救世主、と喧伝された。ファシズム政権下の協同組合制度においては、協調不能なもの――反自由主義と協同組合の自由、専制主義と民主主義、縁故主義と組合員の平等――を協調させようとする明白な矛盾があり、これは解消されなかった。協同組合の諸原則はそのまったくの対立原理と共存させられたのである。それは対角線的関係であって、左に邪な関係であり、右に邪な関係ではなかった。

戦争が終結すると別の対角線的関係が現われた。一九五〇年代の中道政権[訳注4]がエミリア・ロマーニャ州の赤い協同組合と対立した関係、同州において赤い協同組合が中道諸党と対立した関係、がそれである。そしてキリスト教民主党は、白い地域（トレント県、ヴェネト州）で協同組合が政治的に左を指向するあらゆる動きを阻害した。こうした動きの内容はさまざまで、各政党および各協同組合ナショナルセンターがとる立場によって幾分かの程度の差があった。

レーガコープおよび共産党の立場はきわめて激しく対抗的であり、これに対しコンフコーペラティーヴェおよびキリスト教民主党の立場は穏健な感じがしたが、実質はそれほどではなかった。

その結果、誰もが味方の応援をし、自分の方法、形式、行動様式をもって敵に対抗した。ここに述べたのは〝活写する〟ためであって、実際の場面はやや異なっていることはいうまでもない。しかし、たとえば、赤い協同組合の動きを理解するためには、共産党から発せられる重要な命令を把握する必要があった。(原注5)そこにおける優先順位は、まず政党（第一に共産党、次に社会党）、労働組合、そして協同組合、であった。(原注5)いわば協同組合運動は政治の要求に服従していたのであり、そうした統制の論理は協同組合の改革を先送りすることになったのである。

こうした状況は、一九九〇年代初頭、第一共和制とそれを構成する政党システムの崩壊(訳注5)をもって、消失した。ここに断絶が生じた。急激にあるいは明白な形ではないにしても、断絶は生じた。運動の系列化の根拠が稀薄になったという意味で断絶が生じたのであるが、協同組合ナショナルセンターはまだ系列化のなかにとどまり、協同組合運動の政治に対する服従もまだ残っていた。

しかしカトリック起源の協同組合運動については、「他の社会勢力が行使するような古典的〝系列化〟に比べて中間的方向」が語られた。(原注6)すなわちカファーロの指摘によれば、その〝中間的方向〟とは、時に自由裁量の余地はあるが、依然として自らの政党のためのいわゆる伝動ベルトのようである。換言すれば、系列化は、否定的意味合いのみでなく積極的意味合いでも、とりわけ積極的意味合いで実行されたのである。政党と協同組合運動双方は、それぞれ異なる文化を、それぞれの団体の対照的見方を表現していたのであり、それぞれの文化や見方を信じ、その実現のために闘っていたのである。

近年、事態は変わってきている。研究者たちの態度にも変化が見られる。ベルリンの壁の崩壊――これは状況を象徴する事柄である――は、さまざまな面での緊張緩和をもたらし、イタリア協同組合運動の動向についての論述に対して、感情のもつれなしに冷静に距離をおいて、向き合うことを可能にした。かつてのようにイデオロギー的分析、指導者たちの経歴や政治的出自の描写、等に焦点を当てることは少なくなり、地域の発展にたいする協同組合企業の貢献や経済的影響に多く焦点が当てられるようになった。現代の現象や歴史研究に関する関心があらためて高まっており、それは本来あるべき関心の方向にむかっている。しかし協同組合の経済・企業の世界はまだ学問研究やその視点から軽視されている。(原注7)

いずれにしてもイタリア協同組合運動は、二つの対照的文化――それぞれ力量、活力、欠点を有する二つの文化――を戴くばかりでなく、協同組合についての二つの考え方、戦略・組織化・立法に関してもそれぞれ異なる二つの考え方、そこから導き出される方策も対照的な二つの考え方を生み出してきたのである。

これはフォルナサーリとヴェーラ・ザマーニが正当にも主張しているように、共有すべき認識である。すなわちレーガ系の協同組合運動は「農業労働者、建設労働者、産業労働者がしめした連帯の表現であった。彼らは失業に抵抗し、雇用主の横暴に反対し、社会的孤立化に対抗した。かれらは当初は社会的均衡の根本的変更を展望していたが、その展望は時の流れとともに稀薄となった」。彼らが抱いた夢は、協同組合を、私的企業それに公的企業につづいて「国民経済の第三の勢力」にまでもちあげることであった。

それゆえにレーガは「最も効率的な大規模の協同組合企業の形成に努力したのであり、その中のいくつかの企業は、協同組合の原初的目的との整合性からして少なからぬ問題を引き起こしながらも、全国的な大規模企業に数えられるほどになったのである」(原注8)。

カトリック系協同組合の組織構造は、これとは異なっている。これまたフォルナサーリとザマーニが指摘しているように、特にコンフコーペラティーヴェは、「小土地所有農民、小手工芸生産者、小中間層の一部といった人びとが、民衆銀行、農村・手工業金庫をとおして貯蓄利用の経路を確保し、生活の向上をめざす組織として生まれた」(原注9)。こうした性格からしてカトリック系協同組合は、単協の規模を小さくし専門化すること、地域との結びつきを強めること、単協を徐々に拡大するのではなく連合体をとおして強化を図ること、等を追求している。

こうした現象は、人によっては異なる視角からさまざまに解釈されている。カファーロによれば、社会党・共産党の人びとの考え方は、協同組合を「私的企業よりも公的企業に近いもので、特殊な法制度のもとに規制されるべきもの」としている。これに対しキリスト教民主党の見解は、協同組合の特殊性を認めながらも、〝私的企業〟のなかに位置づけている。したがって協同組合は「非国営経済組織と同様に、私法の秩序のもとにおかれるべきである」とされる(原注10)。

このような指摘は、協同組合のいくつかの特別な側面を強調している。そうした側面は、協同組合についての二つの考え方、二つの方法——同じ企業形式には還元しえない、対抗的な二つの考え方、二つの方法——が共存するに充分な余地を残した。

冷戦の深刻な時期には、二つの考え方は対立的で互いに接近しがたいもの、とみなされた。そして

〝国民連帯〟と呼ばれる時期[訳注6]のように緊張緩和の時代には、二つの考え方は対話可能となった。例を挙げるならば、一九七七年、政府はレーガコープ、コンフコーペラティーヴェ、AGCIとの合意のもとに、「第一回協同組合国民会議」を組織した。[訳注7]これは、現状を分析し、協同組合の将来的発展計画の作成をめざし、理念や立場を検討し意見交換する場となった。これはきわめて意義深い会議であったがただ一度の機会となり、その後はそれぞれのナショナルセンターが従来の日常に戻った。

協同組合についての二つの考え方は、長きにわたってそれぞれ不浸透の状態に保たれた。ついこの間まで、すなわち一九九〇年代初頭まで、イデオロギーの稀薄化や壁や国境の崩壊が起こったにもかかわらず、程度の差はあれ二つの考え方の分断と障壁が存続していた。憲法第四五条は不変のままで、協同組合の共通の基盤、すなわちそれぞれの協同組合が互いの存在と正統性を認め合う基盤をなしていた。

第二節　統一の控えめな試み

こんにち、運動の系列化という考えは著しく薄れてきている。協同組合企業はかなり自律的になり、政党の要求に服することは少なくなってきている。あらゆるところでそうなっているわけではない。「赤い」エミリア・ロマーニャ州のように、いくつかの地方では協同組合と政党の何らかの結びつきが続いている。こんにち、関心の焦点は別のところに移っている。それは、これまで幾度も称揚されてきた協同組合統一は一体どこで、どのように打ち立てられるのか、ということである。控えめに打ち上げられてきた統一論議は中断され、時には放棄され、未だその実現は遠いが、この統一論議に纏いついた糸はどのようにして解きほぐされるのであろうか。それは三大ナショナルセンターの統一の問題である。それとともに、第二次大戦後に深まったさまざまな思想を総合化してこれを共通分母に仕上げるという問題である。これは、イタリア協同組合の二つの偉大な流れが共有する大きな課題であろう。

幾たびか控えめな接触が試みられてきた。たとえば一九九三年に赤い「コープ・イタリア」とトレント県消費協同組合連合会たる「トレント県農産物加工業連合」（SAIT／Sindacato agricolo industriale Trentino）との協定が実現したが、これは、「コープ商標」の製品をカトリック系トレント県消費協同組合の店舗（「協同組合家族」と呼ばれている）で販売促進するためのものであった。先に触れたグラナローロ協同組合は、二つのナショナルセンター（レーガコープ、コンフコーペラティーヴェ）のどちらにも加盟している例である。

二つのナショナルセンターの間の現実的対話の機会があるならば、それはどのようなものであれ一歩前進を画するであろうし、そうした機会はそれ自体で十分なものではないにしても大切である。統一の環境を現実的にするためには、誇りをもって全力で事にあたる必要がある。

こうした意味での新しい動きが、二〇一一年一月二十七日におとずれた。一体とならんとする努力を重ねたコンフコーペラティーヴェ、レーガコープ、AGCIは、以降、政府および他の諸団体に対し一致して対応する協定を結んだ。こうして「イタリア協同組合同盟」（Alleanza delle cooperative italiane）が誕生した。これは五年以内に三大ナショナルセンターの統一を図るという目標をもつ組織である。これは、この統一が実現したならば、事業高一二七〇億ユーロ、企業数四万三〇〇〇、組合員数約一二〇〇万余、国内総生産の七％を占める経済セクターが誕生することを意味する。これはイタリア協同組合数の九〇％

を包含することになる。

この「イタリア協同組合同盟」の形成をもってイデオロギー的障害は消え失せた。そして九〇人から成る指導委員会、二四人から成る執行委員会を基礎にした「継続的調整」の組織ができあがり、これは一歩前進であり、さらに継続遂行されるべきであろう。この大きな同盟が成立したことは積極的な事柄であり、開始された対話の形式はいい結果につながるであろうし、その統一の追求内容はけっして砂上の楼閣ではない。ただし統一の追求は、利害の共有化を基礎にして、グローバル経済のもとに国際協同組合同盟の承認を前提にした共通の基本的理念を仕上げたうえで、なされねばならない。

第三節　右と左

右翼か左翼か、これは摑みどころのない問題である。限られた組織のなかでの経済現象を右翼か左翼かに突き詰めようとするのは時代錯誤であり、賢明ではない。協同組合は企業経営現象であり、同時に企業システムであり、社会運動である。その存続は既定の事実ではなく、協同組合企業の効率性や構成員の活動力量に掛かっており、その活動力量は政治的力量ともいえるものであるが、政党的力量ではない。

政治家も協同組合人も研究者も、こうした問題に直面した場合、腰が引け、逃げ口上を述べ、口ごもる。何故か。企業体にして運動体としての協同組合は、理念的に右とか左とかに位置づけられるのだろうか、二〇一一年のこんにち、それはどこに位置しているであろうか。

この設問は、ＩＣＡ（国際協同組合同盟）の非政治性、非宗教性という立場に抗するわけではないが、多くの人が提出している。協同組合の左翼政党との癒着や不祥事を騒ぎ立てる人びとも、自らの論の正当性を見出すためにこの設問を投げかけている。［イタリアの大手スーパー］エッセ・ルンガの所有者ベルナルド・カプロッティは、ベストセラーとなった自著『鎌とカート』のなかでこの設問を投げかけて答えを出し、さらには左翼およびその「共犯者」たる地方行政に支援され保護されている赤い協同組合に攻撃の矢を向けた。

二〇〇五年に「ウニポール」による「労働国民銀行」の買収工作が失敗したとき［本書「はじめに」の訳注12参照］、これを論じる際にこの設問が投げかけられたのである。この設問は、イタリア協同組合運動の活力を分散させることなくこれを結合するための話し合いの共通基盤を模索する自覚的協同組合人が真剣かつ冷静に投げかけているのである。

資本主義経済に対する代替案を、そして自らの〝違い〟を提示する場合、そこには、異なる経済の社会および世界の構想、より平等であるがゆえに公正な構想、個人主義よりも連帯性をつよめる構想が含意される必要がある。事はそう単純ではないが、しかしそれは必要である。協同組合企業が自覚を欠いた人びとの手に委ねられた場合、協同組合企業の本質からして当然のことながらそれは危機に陥るであろう。

協同組合運動が今後どのような存在でありうるのかを考察するためには、これまでそのような存在であったのかを考えねばならない。協同組合はかつて〝中道〟に位置していた。(訳注8)協同組合運動は、共通善をめざして人びとが団結する力量としての集団的性格からして、補完性原理に則って活動し、共同体にそして人間に重心をおいた。そしてムニエ流のキリスト教人格主義(訳注9)に重心を、あるいはジャック・マリタン(訳注10)の思想に依拠する人格主義に重心をおくようになった。

言葉の本義における人格中心主義はアマルティア・セン（訳注11）にも見られるものである。それは、〝潜在能力〟の開発としての、すなわち各人が自分の生き方を――いわば自分の運命を自由に――実現するに必要な資源と方向性を追求することを可能にする能力開発としての人格中心主義である。

しかしながら協同組合運動は、公正を志向し平等を願望した点で〝左翼〟であった。すなわち「左翼と呼ばれてきた理論と運動――理論や運動は概して左翼とみなされてきたのだが――のもっとも特徴的な要素は、平等主義である（原注11）」、とノルベルト・ボッビオ（訳注12）がその著書『右と左』で述べている。そしてボッビオはさらに次のように解説する。「左翼は平等論的であり、右翼は不平等論的であるというとき、左翼であるためには、すべての人間はいかなる区別の規準とも関係なく、完全に平等であるべきだという原理を宣言しなければならないわけでは決してない。しかもそれは、ユートピア的観点――右翼よりも左翼に、もしくは左翼だけにありがちな観点であることを認める必要がある――であるだけでなく、より悪いことには、合理的な意味があるとは思われない、たんなる目標宣言だからである。つまり、左翼は平等論者だというとき、それは左翼が平等主義者でもあることを意味しない。（中略）社会的不平等を軽減し、生まれながらの不平等をより痛みのすくないものにしようとする平等論的理論や運動は、〝万人の完全な平等〟と理解されている平等主義とはまったく異なる（原注12）」。

なぜならば、ボッビオの言から推測すれば、平等論者は「同等な人びとは同等な人びととして、同等でない人びとは同等でない人びととして扱う」必要があるという正義の黄金律に従わざるをえないからである（原注13）。協同組合運動はボッビオが主張する意味での左翼である、と確認できるにしても、平等を志向する点でそういえるが、協同組合運動が平等主義というわけではない。つまり協同組合運動は、「万人が完全に平等である社会というユートピアではなく、ある面では、人びとを不平等にすることよりも、平等にすることを賞揚し、さらに他面では、実践の場で、不平等をより平等にすることを目指す政策を優先すべき政治傾向として理解されるユートピア」（原注14）をわずかながら希求している。しかし協同組合運動は、逆に不平等については価値判断をさしはさまず、個人の価値を強調する。

企業というものが右翼ともいえるし左翼ともいえるという議論は、疑念や正当性は別にして、善悪論ともいえないし、逆に政党的な愚論ともいえないよう思われる。協同組合運動は、これまたボッビオのいう「社会に付与すべき方向性の評価としての」（原注15）右と左の区別にしたがえば、右翼である場合も左翼である場合もありうるのである。なぜなら、協同組合運動が特定の価値や明確な文化を備えている限り、それは一つの独特な世界観だとみなされるからである。

第四節　協同組合の改良主義

それでは協同組合運動のまとまりと確固たる統一（結束のための文化的・価値的調整、現実的な最良の提案等々）を模索し実現するための土台はどのようなものであろうか。打算にもとづく結合は、確固たる基礎に欠け先がない。私見によれば、共通の価値と原則に則った方針に立つ合意――デ・ガスペリ（訳注13）の言葉を借りれば「左に傾く中道と中道に傾く左」――のなかに追求されるべきであり、これこそが改良主義である。なぜならば、協同組合は平等志向的で人格主義的な企業であるうえに、民主主義的・非専制的な企業であり、究極的には右翼や左翼というところに位置づけられないからである。（原注16）

このような改良主義は、こんにちの政党代理主義的な政治の舞台には参照例や手本が見つからない。右を見るならば、例外を別にして、個々人の飛躍に委ね、受容・包摂・平等の文化を奨励せず（家父長的・ポピュリズム的側面ではありうるが）、基本的にはそれを否定する右翼のなかに参照例や手本を見出すことはできない。左を見ても否である。左翼は、優先順位を覆す可能性を備えており、たとえば、論功行賞を要求し、優秀な人材を選別する競争を称揚する（これは正当な登用をすすめることだが、他方で絶望を生み出す）。これはそもそも右翼の特質ではないのか。こうした左翼における右翼の模倣は、後れた人びと――とりわけ危機と不安定の時代に対応できない人びと――のために真の闘いを推し進めるという約束を放棄しかねないものである。

それゆえ、優遇措置との交換に協同組合の票を当てにする政党的論議や運動系列化とは全く異なる政治領域を少しでも生み出すことができるならば、協同組合運動は真っ当な闘いをすすめることになろう。これは偏ったイデオロギーに陥ることではない。

しかしある政治領域を生み出すことは、簡単に言えば、〝偏る〟ことである。それは社会の最も脆弱な部分の側に偏ることである。それは協同組合運動の起源に立ち返ることであり、いっそうの責任感をもってその起源の精神に忠実になることである。その責任感とは、二層的視点のみならずさらに多層的視点での立論を構築することである。（原注17）これまでの歴史のさまざまな動きのなかで協同組合の導きの星であった北極星は、協同組合が何よりもまず企業として、効率――すなわち資源を浪費せず、価値を創造し、成長と生産性を追求すること――を強いる経済的メカニズムに左右されているのを見てきた。

協同組合事業は、もっとも弱い人びとへの配慮という社会的側面をも内包している。それは、相互扶助的交換が行使される際に生じる。つまり協同組合は弱い人びとを公的機関に委ねることなく、あるいは「国家―市場の緊密な枠組」の論理に委ねることなく、なんとか彼らを前進させうる人の手に直接的に委ねることができる。「国家―市場の緊密な二項式」の論理によれば、錯綜した社会はどうしても冷厳な二分法―先ずは、経済の当然の規則にしたがって財およびサービスが交換されて不平等を生じる資本主義市場としての市場が作動し、次に、利潤追求に奔走する市場によって生みだされた不均衡を是正するために国家が作動する―に従わざるをえない。これに対し協同組合企業は、そうした「緊密な二項式」に止まることなく、少なくとも理論的には、生産の要素と資源分配の要素、成長と平等追求、経済的側面と社会的側面、の統一を提唱する。そしてこんにち、持続可能な環境という要素がこれに加えられねばならない。

それ故、経済的要素と社会的要素が交差する企業が協同組合であると定義されるとすれば、この環境要因を見定めることは協同組合の将来の挑戦課題である。社会的・環境的側面と経済を融合させることは難しい。この融合は、しばしば自家撞着あるいは少なくとも相容れない要因の融合、とみなされている。経済成長が社会および環境面での――何よりもまず社会的側面での――不均衡を生みだすことは避けがたい。なぜならば、著名な経済学者たちの研究が余すところなく示しているように、成長は豊かさや幸福をもたらさないからである。

環境面でも同じことがいえる。経済は自然的資源を不可逆的に害する。とりわけ再生不可能な諸資源を、そして汚染することなく将来の世代に引き継ぐ――これは多くの人びとの願望であるが――べき地球環境を不可逆的に害する。抑制を欠いた成長、止まるところを知らない人間の貪欲の手にかかった自然と大地、ここから発する環境問題は解消するに余りある。(原注18)

労働者・農民問題という社会問題の後、そして社会関係性の問題という社会問題に続き、おそらくは環境問題という社会問題が立ち現われている。環境および生態系を維持するための粘り強い方策が経済に阻止的効果をもたらすことはありうるし、それにより経済は減速するであろう。それは、とくに社会的領域――所得および消費の全般的圧縮をもってしては解消しえない貧困の問題にたいする高貴な取り組みを念頭におくが――にも阻止的に作用するであろう。

脱成長はその範囲のなかに位置する人にとってのみ快適という危険性を含む。すなわち脱成長の社会のなかで保障されている人びとは安全な生態系を享受できて生活の質を高められるが、その枠外に位置する人びと――その生活が成長によって左右される人びと――はまさに脱成長によって不幸となる。

これは協同組合のような企業にとっては一つの挑戦課題である。これは困難な挑戦であるが、魅力的な挑戦でもある。経済成長、環境保護、社会的側面への配慮、この三つの要件を妥協させる難しい取り組み。これは持続可能性の妥協と呼ぶことができよう。すべてを一挙に解決する妥協策はない。それは一歩一歩徐々に議論を深めるべき、不断にとりくむべき課題であり、それは協同組合企業にとっても――それどころか協同組合にとってこそ――とりくむべき課題である。

【原注】

（原注1） Zamagni, 2006.
（原注2） Mattia Granata, 2005.

（原注3） Granata, 2005 & 2010.
（原注4） Menzani, 2009, p.234.
（原注5） Zamagni-Felice, 2006.
（原注6） Cafaro.2008,p.207.
（原注7） Battilani, 2009.
（原注8） Fornasari-Zamagni, 1997,p.148.
（原注9） Ibid.,p.148-9.
（原注10） Cafano, 2008,p.118.
（原注11） Bobbio, 2004,p.134（ノルベルト・ボッビオ著、片桐薫・片桐圭子訳『右と左——政治的区別の理由と意味』、御茶の水書房、一九九八年、一〇二頁）
（原注12） Ibid.,pp.123-4（邦訳同前、九二～九三頁）
（原注13） Ibid.,pp.131（邦訳同前、一〇〇頁）
（原注14） Ibid.,p.134（邦訳同前、一〇二～一〇三頁）
（原注15） Ibid.,p.51.
（原注16） Ibid.,pp.135-44（邦訳前掲『右と左——政治的区別の理由と意味』、一一一～一一九頁）
（原注17） Becchetti, 2007; Becchetti - Di Sisto - Zoratti, 2008; Stefanini, 2008.
（原注18） Latouche, 2007 e 2008.

【訳注】

（訳注1） ガリバルディ（Giuseppe Garibaldi, 1807-1882）は、イタリア統一運動（リソルジメント）の英雄の一人。カヴール、マッツィーニとともにイタリア統一王国形成の三英雄の一人であり、軍事に長け南米でも活躍したことから「二つの世界の英雄」とも呼ばれた。カヴールおよびマッツィーニについては、第四章訳注2および訳注6を参照。

（訳注2） ベルルスコーニ（Silvio Berlusconi,1936– ）は現代イタリアの事業家にして政治家。建設業およびメディア産業で産を成し、一九九三年に政界に進出し、中道右派勢力の頭目として一九九四年、二〇〇一年、二〇〇八年の総選挙に勝利し、四次にわたる内閣を率いた。イタリア政界に大きな力をふるい、約二十年にわたるべ

ルルスコーニ時代を築いた。

（訳注3）トレモンティ（Giulio Tremonti, 1947-　）はイタリアの経済学者にして政治家。第一次ベルルスコーニ内閣で財務相（一九九四～九五年）、第二次ベルルスコーニ内閣および第三次ベルルスコーニ内閣で経済・財務相（二〇〇一～〇五年／二〇〇五～〇六年）を務めた。

（訳注4）中道政権（governi centristi）。第二次大戦後のイタリア政治では、反ファシズム挙国一致政権が成立したが、国際政治における冷戦構造の深まりに伴い、挙国一致が崩れ、極右（王党派、ネオファシズム勢力）と左翼（社会党、共産党）を排除してキリスト教民主党（DC）を中心にして中道諸党をくわえた「中道政権」が定着した（一九四七～五八年）。

（訳注5）第一共和制（la Prima Repubblica）。イタリアではファシズムの崩壊、敗戦の後、一九四六年六月、憲法制定議会選挙と同時に従来の王制の存廃を問う国民投票が実施され、僅少差で王制廃止票が上回り共和制が実現した。翌年には共和国憲法が採択され、四八年一月一日に公布された。

一九九二年二月、ミラノにおける収賄事件での社会党幹部の逮捕を出発点にして、与党（キリスト教民主党、社会党、社会民主党、共和党、自由党）有力者に対するミラノ地検の大捜査がはじまり、これが全国規模で展開され、急速に世論の支持をも得た。これにより与党、主として社会党、キリスト教民党は大打撃を受け、戦後政治の中心をなしていた政党システムの崩壊がはじまった。

検察の躍進が政治システムを崩壊させたわけではなく、偶然のきっかけがあったにすぎず、要退化する政党政治を告発するさまざまなイニシャティブ、「割を食う」生産的北部の利益を主張する北部連盟（Lega Nord）の進出、ネオファシスト党の合憲的保守党への転換、社会主義陣営瓦解の動きに連動する共産党の民主化過程、等々の要因も政党政治変動に絡まり、一九九〇年代初頭に従来の政党システムの大再編がおこった。

ジャーナリズムのなかで、この政党政治システムの転換をとらえて、第一共和制の終焉、第二共和制（la Seconda Repubblica）のはじまりとの論調が優勢となり、この言葉が人びとの支持を得て今や一般的な用語となっている。

（訳注6）「国民連帯」の時代。第二次大戦後のイタリア政党政治では、戦後初期の反ファシズム挙国一致政府が冷戦の始まりにより崩れ、その後はキリスト教民主党（DC）を中心とした中道政権が続いた。一九六〇年代には社会党が政権参加の道を選び、中道左派的政権が成立した。七〇年代初頭、共産党は書記長ベルリングェール（Enrico Berlinguer, 1922-984）が提唱する「歴史的妥協」をもって政権参加をめざした。六〇年代末からの市民社会の高揚を背景に七六年総選挙では共産党が大躍進を遂げ（下院での得票三四・三七％）、従来の連立形式

が不可能となり、共産党が内閣を不信任しないとの条件で間接与党となり、DCの挙国一致的単独内閣の時期が到来した。この形式は七八年三月のモーロ拉致事件後も継続し、七九年一月まで続いた。この七六年七月から七九年一月までの第三次および第四次アンドレオッティ内閣（DC単独内閣）の時代を一般に「国民連帯」の時代または「国民連帯」挙国一致内閣の時代と呼んでいる。

アンドレオッティ（Giulio Andreotti, 1919–2013）は終戦（一九四五年）後設置されたすべての国会（国民評議会、憲法制定議会、共和国国会）に終生、議員として席を占めた政治家。キリスト教民主党（DC）の有力指導者として七度の内閣を組織した。

（訳注7）「第一回協同組合国民会議」。「国民連帯」の時代の第三次アンドレオッティ内閣（一九七六年七月～七八年三月）のもと、一九七七年四月、政府（労働・社会福祉省）主催の「第一回 協同組合国民会議」（Prima Conferenza Nazionale della Cooperazione）がローマで開催された。この会議ではアンドレオッティ首相の挨拶もあり、協同組合界、政界、労働界、関係研究者等多数の参加者をえて、三日間にわたる議論が繰り広げられ、協同組合のあらゆる問題がとりあげられた。会議の全容は三巻本にまとめられて労働・社会福祉省から刊行された（Ministero del lavoro e previdenza sociale, ATTI PRIMA CONFERENA NAZIONALE della COOPERAZIONE. 3voll. Roma 1978）。

（訳注8）補完性原理。現代における補完性原理（principio della sussidiarietà/ principle of subsidiarity）とは、あらゆる問題解決や意思決定はできる限り小さな単位でおこない、対応しきれない場合には順次大きな単位が補完するという原理または考え方である。この原理の直接的起源は、十九世紀から二十世紀にかけて形成されたカトリック教会社会理論に求められる。すなわち個人の主体性こそ人間の尊厳の原点であり、あらゆる決定はできるだけ身近なところで行われるべき、とする考え方である。その典拠は、ローマ教皇レオ十三世による一八九一年の回勅「新しき事がらについて」（Rerum Novarum）およびピウス十一世による一九三一年の回勅「四十周年に」（Quadragesimo Anno）とされている。

（訳注9）人格主義（personalismo/personalism）。人格主義とは、人格（persona）にもっとも高い価値を置く哲学・思想の立場を指す。「人格主義」という言葉は一九〇三年にフランスの哲学者ルヌヴィエ（Charles-Bernard Renouvier, 1815 - 1903）が最初に使用したといわれるが、一般的にはフランスの思想家エマニュエル・ムニエ（Emmanuel Mounier, 1905–1950）に始まる思想潮流を指す。ムニエは一九三二年に創刊された雑誌『エスプリ』（Esprit）の主唱者であり、『エスプリ』は人格主義の社会的哲学を広める場となった。

（訳注10）マリタン（Jacques Maritain, 1882–1973）は、フランスの哲学者。ベルグソンの高弟として出発したが、

一九〇六年にカトリックに入信。両大戦間の時期にカトリック思想界で活躍した。

（訳注11）アマルティア・セン（Amartya Sen, 1933－　）はインドの経済学者。一九九八年、ノーベル経済学賞受賞。その著作はわが国にも広く紹介されており、多数の邦訳書がある。

（訳注12）ボッビオ（Norberto Bobbio, 1909–2004）は、イタリアの政治学者。一九八四年にペルティーニ大統領により終身上院議員に任命された。

本書で取り上げられているボッビオの著作は、Norberto Bobbio, Destra e sinistra: Ragioni e significati di una distinzione politica. Donzelli, 1994. であり、その邦訳は ノルベルト・ボッビオ著、片桐薫・片桐圭子訳『右と左――政治的区別の理由と意味』（御茶の水書房、一九九八年）である。本書著者（イァーネス）の引用部分の訳文は、上記邦訳版から借用した。ただし一部分、引用者の責任において変えた箇所がある。なおこの邦訳書の末尾「解説」には政治面でのボッビオの紹介が記されている。

（訳注13）デ・ガスペリ（Alcide De Gasperi, 1881–1954）はイタリアの政治家。オーストリア＝ハンガリー帝国の支配下にあって第一次大戦後にイタリアに帰属（一九一九年）したトレント地方に生まれ、ウィーン大学を卒業。学生時代からキリスト教社会派にくわわり、一九一一年にはオーストリア国会の議員となった。戦後はイタリアの政治舞台で活動を活動し、一九一九年には人民党に参加し、二一年には国会議員に当選した。ファシズム政権の初期にはこれに同意したが、後に反対の立場をとり、迫害された。第二次大戦後は与党キリスト教民主党（DC）の指導者として八次にわたる内閣を組織し、戦後再建の政治過程を主導した。

第八章　イタリアの協同組合を理解するための要点

第一節　資本的企業と協同組合企業の区別

イタリアに協同組合の最初の萌芽が生まれてから百五十年余が経過したこんにち、わが国の発展に協同組合が大きく貢献してきたことをわれわれは臆することなく確認することができる。

ここで、協同組合企業が特に就業機会を創出する活力にあふれていること、さらにはその独特な企業を創出する方法、伝統的な企業とは異なり共同体の要請と人に配慮する企業を創出する方法を備えていること、が浮かび上がってくる。

さらに協同組合企業は、さまざまなステイクホルダーとりわけ組合員ならびに従業員の参加および関与に立ったガバナンス体系を有している。ここに、目的と利潤の関係の転倒という点での、資本結合企業と協同組合企業の基本的区別が現われる。利潤の最大化という資本結合企業にとっての目的は、協同組合企業においては企業自体の継続性を確保するために必要な事柄であり拘束力なのである。逆に営利事業体にとっての拘束力すなわち人びとの要望に応じることとは、協同組合企業にとっては目的となる。

一般企業の賃金労働者は企業活動について〝自由〟を行使できないが、賃金労働者とは異なる協同組合組合員は、自律的企業としての協同組合の所有者として自らの組合を運営する自由な存在である。そして協同組合における目的は、組合員の自覚を促して達成される。

協同組合は本質的に手段であってけっして目的ではない。何か本を読もう、スポーツをしよう、旅行に行ってみよう、といった楽しみの思いつきとは異なり、協同組合はただ楽しみのために設立されるのではない。歴史はこの点に関して明確な示唆をあたえてくれる。すなわち経済的な必要性がない場合、協同組合は存在意義が薄く、後退せざるをえない。

第一次大戦後のトレント地方において、戦禍にみまわれた地域の再建のために多くの建設協同組合——約一三〇のカトリック系建設協同組合、約八〇の社会主義系建設協同組合——が現われた。戦禍の物的被害を補う建物・施設が再興されると、建設協同組合は推進力を失い、次々に解散されて生き残った組合はわずかであった。

それゆえ協同組合の存続をささえる根拠が必要である。それは経済的・社会的必要性ということである。この必要性というものは、協同組合を構成するステイクホルダーによって異なる意味を有する。それは、労働者組合員にとっては正当な賃金であり、消費者組合員にとっては価格—品質の関係であり、農民組合員にとっては生産過程での諸費用を償いうる農産物の正当な価格での販売、である。

第二節　産業社会における新しい企業形態

こんにちのイタリアにおける協同組合現象は、あらゆる経済分野で連綿たる事業のつながりを形づくっている。地域に根ざした小さな協同組合とならんで大規模な協同組合も存在している（大きな市場占有率を誇り、流通業界で「コープ・イタリア」のブランドをもってリーダー的存在となっている大きな消費協同組合もある）。

協同組合運動の長い歴史のなかのさまざまな局面を経て、協同組合企業は国の経済の重要な勢力の一部分を占めるにいたり、イタリアの協同組合運動は世界のなかでももっとも活発な運動の一翼となった。

本書では事実に忠実であること、事実のみに忠実であること、蓄積された研究に依拠しつつ事実はどのように展開されてきたのかということに忠実たらんこと、を旨とした。歴史の論述はモザイクを一つ一つ重ねる如く、確かめられた事実の流れに立脚して展開されるのであって、アプリオリなテーゼを抱くことは避けねばならない。

アプリオリなテーゼから出発した場合、協同組合企業は、かつての同業組合や乳製品組合といった古い事業の進化したものと思われがちである。確かに十九世紀の協同組合のうちにはそれ以前の経験に依拠する部分があった。しかしながら、かつての経験およびその展開の内に進化論的論理を見出すこと、つまり中世に発し近代になって衰退した同業組合（＊）のモデルが断絶なしに継続しているという論理を見出すことは難しい。

（＊）同業組合と協同組合の基本的な性格については、サップルの論考を参照のこと。彼は「ケンブリッジ大学経済史叢書」に収められている著名な論文において次のように述べている。「総体的に見てギルド（同業組合）は拡大よりも排他主義および制限をめざした。ギルドは単一の市場内での競合しうる企業家数や競争条件を統制していたが、大部分のギルドの経済政策は伝統的な企業思考を反映していた。ギルド組織は、弾力性に欠け制限された市場内での個々の商人の安定に努めていたが（中略）、富裕な生産者層あるいは商人層が技能労働者や手工芸者、小商人を支配する手段となり、ついには富裕な生産者層あるいは商人層はその経済構造を自らの利益のために打ち固めるにいたった」(原注1)。経済史家コレンベンツは、同上の「経済史叢書」のなかでイタリアの同業組合に触れて、自らの特

権の保持に執着する同業組合の独占的傾向を確認している。（原注2）

同業組合が規制された取引の範囲にとどまった（＊＊）のに対し、協同組合は制約や制限のない開かれた市場をめざしている。また同業組合と協同組合はその存立の経済的・社会的脈絡も異なる。同業組合が生まれたのは産業社会以前の土壌であり、これに対し協同組合は産業社会の土壌のなかで、その生産様式および労働組織との関連のなかで発生した。

（＊＊）同業組合が克服されるには経済展望の変更が必要であった。「十八世紀末以降における農民の解放、十九世紀における職業選択の自由化に伴う同業組合的制限の廃止、これらの事柄はかつての社会の同業組合的体系における奴隷的人間関係の終焉を画した。同業組合という古い形式を最後に（一八七九年）廃止した国はフィンランドであった（原注3）」。

同業組合と協同組合を分け隔つ文化的・価値的基層を考えるならば、外部の人間に職業をあたえない同業組合は排他的であり、協同組合は包摂的である。一八四四年に設立されたロッチデイル公正先駆者組合によって初めて定められた原則たる「加入・脱退の自由」が協同組合の活動の基本原則となっているのは偶然ではない。

第三節　協同組合事業：信頼できる〝エンジン〟

ここでの目的は、こんにちの協同組合運営およびその体系化について有益な示唆を得るために、歴史の中に協同組合の進化を解読する鍵を見出すことである。先ず言えることは、協同組合の発展過程はけっして直線的かつ安泰なものではなかったが、協同組合企業が経てきた過程での経済状況および制度的枠組が多かれ少なかれ協同組合にとって幸いに作用した。すなわち協同組合が誕生した経緯およびその振興の経緯は、さまざまな局面において協同組合にとって有利に作用した。

しかしながら、協同組合に適用された税務上の優遇策は、資本主義企業よりも協同組合企業が優先的に選択されるというほどの効果をもたらすものではなかった。税制上の優遇策と引き換えに協同組合企業はかなり重い義務を背負わねばならなかった。そして協同組合の歴史の紆余曲折は、協同組合が直面した需要への対処、その需要に適した対処の方法の能力に左右された。

一般的に見て協同組合企業は、不況的局面では他の企業体よりも状況にうまく対応できたといえる。しかし好況的局面のなかで前進するために自ら変貌せねばならない場面においては、やや惰性の傾向を示してきた。自動車のエンジンの隠喩を使えば、性能は良いのだが加速が鈍い、ということになろう。

歴史的に見ればイタリア協同組合の経験は、イギリス消費協同組合の経験、フランス生産・労働協同組合の経験、ドイツ起源の信用組合の経験をはじめとするヨーロッパ諸国の協同組合のさまざまなモデルから学んでいる。しかしそれらの経験をそのまま採用したのではなく、イタリアの経済的・社会的事情のさまざまな必要に応じて学んだのである。

たとえばドイツの庶民銀行が無限責任という義務を課していたのに対し、イタリアの民衆銀行は有限責任制を採用した。またそのほかの違いについて見れば、イタリアの消費協同組合は、当初、販売商品の価格を市場価格よりも低く――つまり生産費に運営費を上乗せするのみの価格に――設定していた。この低い価格は組合員のみを対象とした。この場合、イギリス・モデルに盛り込まれていた割戻しは適用されなかった。

さらにイタリアの消費協同組合は、アングロサクソン諸国のシステムとは異なり、現金払いを必ずしも要求せず信用消費を認めていた。すなわち組合員＝消費者は必ずしも財購入時に勘定を済ませず、都合のつき次第支払った。（原注4）

第四節　協同組合現象を理解するための鍵

協同組合企業は基本的な業種分野に進出し、歴史のさまざまな局面において市場の機能不全に起因する歪みを是正するために介入してきた。そしてデリンノチェンティが述べているように、協同組合企業は「経済発展の反独占的方向性」を実践してきた。（原注5）
協同組合が擁護する社会層は協同組合の種類（農村金庫、農業協同組合、消費協同組合、生産・労働協同組合）により異なる。いずれの場合にも、協同組合の関心は最も弱い層に向けられる。それは、高利貸ではない信用を必要としている人びと、投機的卸売業者に虐げられている農民、寡占的流通業者に翻弄される消費者、雇用主に搾取される労働者・農民、製品の市場の問題や金融の問題に苦しむ手工芸生産業者、等々である。
したがって協同組合は、一面では市場の失敗に対応する意志を体現しており、また他面では、不況局面で時流に抗し、取引の機能不全を改善する役割を果たす。また平常時においても経済的安定性に寄与するがゆえに、存在理由を有するのである。

やや穿った見方をすれば、協同組合の成功の裏には、協同組合人の情熱、活力、意志があり、そうした要素が集合して協同組合の力が形成されたのである。

協同組合という複雑な現象およびそこに作用するさまざまな変数要因を理解するためには、ただひとつの解釈方法をもってしては不充分である。さまざまな考察をかさねると、協同組合の歴史からあらたな側面が現われてくる。それは、協同組合という形式は、人的・社会的資本の層が厚い環境においてこそ定着する、という事実である。つまり共同体的連帯、自治能力、協同して働く習慣、こうした価値が充実している地域にこそ協同組合は発達するという事実である。

したがって協同組合企業の活力は、それを推進し活性化する人びとの熱意、情熱、動機、組織能力などのなかに宿るように思われる。しかしながら協同組合という複雑かつ多岐な現象は、判然としない分類枠のなかに押し込めるわけにはゆかない。幾多の歳月にもかかわらず協同組合が生き残ってきたのは、一世紀以上の歴史のなかで生みだされた不屈の熱意と活力、成果、継承される価値等々のお蔭である、という考えもやや単純であろう。実際のところ、それぞれの協同組合は独自の歴史を形成してきた。規模の大小、業績の良否はあれ、農業、金融、社会などさまざまな分野に混在する協同組合は、そもそもは市場の失敗に対処する意欲や情熱から生まれてきたのである。

歴史は協同組合現象という複雑な問題の把握という困難な課題を我われに突きつけている。この現象は、ひとつの思想集団や宗教的・政治的な少数派運動に還元できるものではない。当然のことながら協同組合運動が最も苦しんだのはファシズムの時期であり、それはバセーヴィ［第三章の訳注3参照］が述べたように、自由な表現、参加および民主主義が〝抑圧された〟時代だったからである。(原注6)

協同組合が成熟してきた経過を差し置いて協同組合の起源を根拠のない古い時代にまでさかのぼらせようとすることは避けるべきであろう。ここでは協同組合という法人形式が他の法人形式とどの点で異なり、協同組合の特色たる質がどのようなものかという点の重要性を強調するにとどめたい。

協同組合は常に独特な経済的・経営的現象であるが、この現象から文化的・哲学的意義を引き出そうとしてさまざまな言辞を並べ立てるのは好ましいことではない。もちろん協同組合の目的は資本的企業のそれとは異なり、人びとの関与を視野に入れた独創的な方法をもって財およびサービスの生産に加え、人びととの関係性をつくりだすことであり、そこにまさに協同組合の豊かさが存在するのではあるが。

協同組合とて請負入札に参加し、落札できない場合には不服の申し立てをすることもありうる（この表現は必ずしも適切ではないが、協同組合は正当な市場が存在しない場合には市場で争うという立場を明確にするための表現である）。

一九四二年の民法典をもって相互扶助目的が協同組合企業の特質となった。この民法典をもってファシズムは協同組合の活動範囲を限定し、発展の可能性を抑えた。ここにおいて「相互扶助性」は、協同組合によって生みだされる便益を手に入れるために組合員が相互に交換する行為の総体とされ、「相互扶助目的」は長きにわたり協同組合企業の必須要件とされた。この目的を欠いた協同組合企業は協同組合とは認められなかった。

社会協同組合が現われるまではこのとおりであった。社会協同組合はそれまでの協同組合世界には存在しない創意として現われ、「相互扶助性」をもってしてではなく「連帯」をもってしても協同組合が成立しうるのだ、という考え方を定着させることによって伝統に楔を打ち込んだのである。

社会協同組合が付加する価値は相互扶助的便益ではなくして公共的便益である。これはさまざまな資料から言えることであり、初期の社会協同組合が表明した意志から言えることである。最初の〝社会連帯協同組合〟の創立者ジュゼッペ・フィリッピーニが強調したところによれば、協同組合とは「直接的であれ間接的であれ自らのためにではなく他者のために協働するものである（原注7）」。

初期の社会協同組合の多くは、その定款の連帯的性格のゆえに協同組合として裁判所の認可が下りなかったのである（訳注1）。そこでは「協同組合における社団活動の受益者は組合員のみであって部外者ではない（たとえ組合員が含まれていても部外者であってはならない）。社団活動の受益者が部外者であった場合、相互扶助性という要件が論理的に成立しない」、とされた（原注8）。

著名な法学者ヴェッルーコリ（Piero Verrucoli, 1924 - 1987）は、「相互扶助性」という伝統的な規定は客観的に見て狭隘な概念だとして新たな状況に対応する「拡大相互扶助性」あるいは「外延相互扶助性」という概念を提出した。

そしてついに社会協同組合が備える公共的便益性の特質は、一九九一年の法律第三八一号（社会協同組合法）をもって高く掲げられた。すなわちこの法律は、従来の法体系が想定しえなかった協同組合形式――障害者であれ健常者であれ組合員の利害の追求にとどまらず共同体の一般意志の追求を目的とする協同組合形式――を認知するために必要な法律であった。

社会協同組合というものは特定の状況のなかで可能な実践――だがしばしば非現実的な実践――によって純化される限りにおいて意義を有する、という考え方もある。歴史的な資料が物語る初期の社会協同組合の幾多の実例を見るならば、社会協同組合とりわけB型社会協同組合が、たんなる社会的扶助を克服して、社会的に不利な立場の働く人びとと責任を分かち合うことをめざし、助け合う人びとこそ互酬関係を理解し、すべての人が〝役立つ〟ことを自覚し尊厳を獲得するよう奮闘したことが注目される。障害者のための扶助の諸策は、残念ながら微々たるものであり、社会協同組合が打ち出したイニシャティブは障害者と健常者の同等尊厳というものであった。

連帯に立脚する企業の典型としての社会協同組合は、農業労働者協同組合と同様に、イタリアで初めて構想され実践されたものである。それはイギリスで消費協同組合が、フランスで生産・労働協同組合が、ドイツで信用協同組合がそれぞれ構想され実践されたのと同じ意義を有している。

第五節　協同組合の利点と欠点

ここで、イタリアにおける協同組合の歴史の展開を辿って引き出しうる、協同組合の利点について若干ふれておきたい。イタリアの協同組合は経営面で地域別・業種別に連合体に組織化されており、また政治面でナショナルセンターに組織化されているが、そうした組織規模はネット状に協同組合企業が組織化されうる能力を示している。

二大ナショナルセンターたるレーガコープとコンフコーペラティーヴェは、政治的立場を異にしており、前者は歴史的に左翼に位置しており、後者はカトリック世界に結びついている。ネットワークを形成する能力は、協同組合事業を効率的かつ効果的に発展・推進させるための重要な要因である。

協同組合が独特の企業形態であり資本的企業と明確に区別される点は、組合員および従業員の企業経営への参加・関与を重視することである。また資本的企業の目的が利潤の最大化であるのに対し、協同組合はさまざまな欲求への対応を目的とし、企業経営における人間的・社会的側面を大切にし、地域との直接的関係性を維持するよう努める。これに加えて、協同組合は、自らの人的資源および関係者の自律と責任感を重視するがゆえに、取引関係者や顧客との関係性においても企業内部の関係性においても人間関係を大切にする。

したがって協同組合にとっては、利潤は追求すべき目的ではなくして、自らの事業の資産を確立するのに必要な、自らの存立に必要な要因なのである。

協同組合のこうした側面はその歴史から引き出されることであり、とくに「協同組合・社会的企業欧州調査研究所」（Euricse）［本書「序文」訳注2参照］および「社会投資研究センター」[訳注2]（Censis）の最近の調査（それぞれ二〇一一年および二〇一二年刊）により明らかにされている。この二つの研究[原注9]は、同時に協同組合の制約をも明らかにしている。それは、特に資金不足から来る企業革新と国際化の難しさである（農産物加工業の一部――ワイン生産部門――では例外的に成果が記録されているが）。

第六節　最新の資料（二〇一一年）

イタリアにおける協同組合の二〇一一年現在の概観も二〇一二年に刊行された「社会投資研究センター」の『第一回イタリア協同組合報告』[原注10]に示されている。

この報告書の基礎をなす商工会議所の企業登記簿[訳注3]電子データによれば、二〇一一年末現在、イタリア

表6　産業別の協同組合数・従業員数 / 全企業数・従業員数にたいする割合（2011 年）

業種	協同組合			協同組合従業員			
	協同組合数	全協同組合数のなかでの割合（%）	全企業数に対する割合（%）	協同組合従業員数（人）	全協同組合従業員数に対する割合（%）	全企業従業員数に対する割合（%）	2007 年との比率（%）
農業、林業、漁業	9,042	11.3	1.09	101,949	7.8	8.6	0.5
工業	6,162	7.7	1.10	103,078	7.9	2.3	-3.6
建設業	16,454	20.6	1.99	66,702	5.1	3.2	-9.3
サービス産業	48,047	60.1	1.57	1,037,501	79.2	9.9	9.4
商業 流通 公的サービス 観光	(7,069)	8.8	0.40	(120,616)	9.2	2.4	
運輸、倉庫業	(8,867)	11.1	5.47	(257,538)	19.7	24.0	
情報通信、信用、不動産業	(5,612)	7.0	1.20	(99,507)	7.6	6.5	
対企業サービス・専門職サービス	(12,074)	15.1	3.83	(250,055)	19.1	15.7	
社会協同組合等	(14,425)	18.0	4.30	(309,785)	23.6	23.7	17.3
合計（分類不可能企業およびその他を含む）	79,949	100.0	1.50	1,310,388	100.0	7.2	

表6の読み方：左側「合計」の上9行の内、上4行が合計にかかわり、下5行は「サービス産業」の内訳である。

（出典）「社会投資研究センター」の資料 CENSIS（2012）, Primo rapporto sulla Cooperazione in Italia, Censis, Roma.

には七万九九四九件の協同組合が存在しており、そこに働く人びと（組合員および非組合員）は一三一万人にのぼっている（表6）。この人数は二〇〇七年に比べて八％増加しており、二〇〇八年以降の経済危機にもかかわらず協同組合における雇用が安定していることがわかる。

同じく二〇一一年における企業総数に対する協同組合企業総数の割合は一・五％、全企業における従業員総数に対する協同組合従業員総数の割合は七・二％となっている。ここ十年間における協同組合の力強い発展は、それ以外の企業形態の成長率を上回っている。

業種別の協同組合について見ると、雇用機会の成長がもっともめざましいのは社会協同組合であり、四年間でおよそ一四％の成長を示している。サービス産業全般も積極的な傾向を記録しており、二〇〇七年から二〇一一年にかけて九・四％の増加が見られる。

農業分野分野全体の就業者数なかでの協同組合が占める割合は依然として大きいが、協同組合における就業者数は停滞気味である。生産分野（工業）での協同組合の従業員数は低下しており、この分野全体のなかでの協同組合従業員の占有率は二〇〇七年から二〇一一年にかけて三・六％減っている。

建設業の協同組合は深刻な危機を経験しており、その従業員数はこの四年間で九・三％低下している（表6）。

協同組合の地域的分布について見るならば（表7）、エミリア・ロマーニャ州は長期的に見て最も協同組合が発展した地域であり、州内の全就業者数の一三・四％を協同組合が占めている。同じ基準から見てエミリア・ロマーニャ州に続くのは、トレンティーノ・アルト・アーディジェ州（八・一％）とウンブリア州（七・九％）である。

表7　地域（州）別の協同組合数・従業員数／全企業数・従業員数に対する割合

州	協同組合			協同組合従業員			
	協同組合数	全協同組合数に占める割合（%）	全企業数に対する協同組合数の割合（%）	従業員数	全協同組合従業員数に対する割合（%）	全企業従業員数に対する協同組合従業員数の割合（%）	1協同組合当たりの平均従業員数
ピエモンテ	3.562	4,5	0,9	88.948	6,4	6,1	25,0
ヴァル・ダオスタ	206	0,3	1,7	2.610	0,2	5,8	12,7
ロンバルディア	11.995	15,0	1,5	248.612	18,0	6,2	20,7
トレンティーノ・アルト・アーディジェ	1.318	1,6	1,3	34.340	2,5	8,1	26,1
ヴェネト	3.792	4,7	0,8	110.986	8,0	6,3	29,3
フリウーリ・ヴェネツィア・ジューリア	966	1,2	1,0	28.663	2,1	7,5	29,7
リグーリア	1.495	1,9	1,0	25.214	1,8	6,0	16,9
エミリア・ロマニャ	5.336	6,7	1,2	227.871	16,5	13,4	42,7
トスカーナ	4.050	5,1	1,1	88.438	6,4	7,4	21,8
ウンブリア	911	1,1	1,1	21.067	1,5	7,9	23,1
マルケ	1.638	2,0	1,0	26.826	1,9	5,2	16,4
ラーツィオ	7.762	9,7	1,7	118.041	8,5	6,7	15,2
アブルッツォ	1.575	2,0	1,2	16.948	1,2	4,7	10,8
モリーゼ	487	0,6	1,5	4.673	0,3	6,9	9,6
カンパーニャ	9.748	12,2	2,1	64.707	4,9	5,7	6,6
プーリア	7.276	9,1	2,2	64.966	4,7	7,4	8,9
バジリカータ	1.238	1,5	2,3	10.121	0,7	7,8	8,2
カラーブリア	2.630	3,3	1,7	22.225	1,6	6,2	8,5
シチリア	11.157	14,0	2,9	76.289	5,8	7,9	6,8
サルデーニャ	2.807	3,5	1,9	28.843	2,1	7,9	10,3
北西部	17.258	21,6	1,2	365.384	27,9	6,2	21,2
北東部	11.412	14,3	1,1	401.860	30,7	9,4	35,2
中部	14.361	18,0	1,3	254.372	19,4	6,8	17,7
南部・島嶼部	36.918	46,2	2,2	288.772	22,0	6,8	7,8
全国	79.949	100,0	1,5	1.310.388	100,0	7,2	17,2

（出典）「社会投資研究センター」CENSIS（2012）, Primo rapporto sulla Cooperazione in Italia, Censis, Roma.

［訳注］イタリアの地方公共団体は20州、110県、8,071コムーネから成っている。イタリア全土を4区分する場合の州分布は以下の通り。

北西部　（ヴァル・ダオスタ、ピエモンテ、ロンバルディア、リグーリア）

北東部　（トレンティーノ・アルト・アーディジェ、フリウーリ・ヴェネツィア・ジューリア、ヴェネト、エミリア・ロマーニャ）

中部　（トスカーナ、マルケ、ウンブリア、ラーツィオ）

南部・島嶼部（アブルッツォ、モリーゼ、カンパーニャ、プーリア、バジリカータ、カラーブリア、シチリア、サルデーニャ）

【原注】

（原注1） SUPPLE B.（1978）, La natura dell'impresa, in "Storia economica di Cambridge", vol 5: Economia e società in Europa nell'età moderna, Einaudi, Torino, pp. 452-532.
（原注2） KELLENBENZ H.（1978）, L'organizzazione della produzione industriale, in "Storia economica di Cambridge", vol 5: Economia e società in Europa nell'età moderna, Einaudi, Torino, pp. 536-631.
（原注3） ALBER J.（1987）, Dalla carità allo stato sociale, il Mulino, Bologna, p.27.
（原注4） FABBRI F.（1995）, Le origini della cooperazione italiana: tra Mazzini e il socialismo della cattedra（1854-1886）, in 〝Ventesimo secolo－Rivista di storia contemporanea〟, 14-15, maggio-dicembre 1995, pp. 237-293.
（原注5） DEGL'INNOCENTI M.（1981）, Geografia e strutture della cooperazione in Italia, in SAPELLI G.（1981）（a cura di）, Il movimento cooperativo in Italia. Storia e problemi, Einaudi, Torino, pp. 3-87.
（原注6） BASEVI A.（1953）, Sintesi storica del Movimento Cooperativo Italiano, La Rivista della cooperazione, n. 9, Roma, p.16.
（原注7） BORZAGA C., IANES A.（2006）, L'economia della solidarietà. Storia e prospettive della cooperazione sociale, Donzelli, Roma,p.102; IANES A.（2009）, La cooperazione sociale come storia d'impresa, in "Imprese e storia", 37, pp. 85-130.
（原注8） Borzaga, Ianes, 2006, p.117.
（原注9） CENSIS（2012）, Primo rapporto sulla Cooperazione in Italia, Censis, Roma; EURICSE（2011）,La cooperazione in Italia. 1° rapporto Euricse, Euricse, Trento.
（原注10） CENSIS（2012）, Primo rapporto sulla Cooperazione in Italia, Censis, Roma.

【訳注】

（訳注1） 「裁判所」については、第四章の訳注34を参照。

（訳注2）「社会投資研究センター」（Censis/ Centro Studi Investimenti Sociali）は、ローマにある社会・経済分野の調査研究にかかる研究所。一九六四年に設立され、七三年に財団となった。国家機関および地方公共団体をはじめ私的団体等からの委託調査に従事している。六七年以来、年報『社会情勢報告』（Rapporto sulla situazione sociale del Paese）を刊行している。

（訳注3）「企業登記簿」については、第四章の訳注35を参照。

WILLIAMSON O. E. (1975), *Markets and Hierarchies: Analysis and Antitrust Implications*, The Free Press, New York.
ID. (1985), *The Economic Institution of Capitalism: Firms, Markets and Relational Contracting*, The Free Press, New York.
ID. (2000), *The New Institutional Economics: Taking Stock, Looking Ahead*, in "Journal of Economic Literature", 38, pp. 595-613.
ZAMAGNI S. (a cura di) (2002), *Camst: ristorazione e socialità*, il Mulino, Bologna.
EAD. (2005), *Per una teoria economico-civile dell'impresa cooperativa*, in Mazzoli, Zamagni (2005), pp. 15-56.
ZAMAGNI V. (2006), *L'impresa cooperativa italiana: dalla marginalità alla fioritura*, in http://www2.dse.unibo.it/negri/ricerca/.
ZAMAGNI V., FELICE E. (2006), *Oltre il secolo. Le trasformazioni del sistema cooperativo Legacoop alla fine del secondo millennio*, il Mulino, Bologna.
ZAMAGNI S., ZAMAGNI V. (2008), *La cooperazione. Tra mercato e democrazia economica*, il Mulino, Bologna.
ZANGHERI R., GALASSO G., CASTRONOVO V. (1987), *Storia del movimento cooperativo in Italia. La Lega Nazionale delle Cooperative e Mutue 1886-1986*, Einaudi, Torino.

LEONARDI A. (2005), *Una stagione "nera" per il credito cooperativo. Casse rurali e Raiffeisenkassen tra il 1919 e 1945*, il Mulino, Bologna.

MENZANI T. (2009), *Il movimento cooperativo fra le due guerre: il caso italiano nel contesto europeo*, Carocci, Roma.

MENZANI T., ZAMAGNI V. (2009), *Economia delle reti e impresa cooperativa*, in "Imprese e Storia", 37, pp. 59-83.

NELSON R. R., WINTER S. G. (1982), *An Evolutionary Theory of Economic Change*, Harvard University Press, Cambridge (MA).

PAOLUCCI L. F. (1999), *Le società cooperative*, Giuffrè, Milano.

PIZZAMIGLIO L. (1891), *Le società cooperative di consumo: saggio di economia sociale*, Hoepli, Milano.

POLLARD S. (1992), *Il sogno di Robert Owen: mito e realtà. Le origini della cooperazione in Gran Bretagna*, Bulzoni, Roma.

RAIFFEISEN F. W. (2010), *Le Associazioni Casse di Prestito*, Ecra, Roma (ed. or. 1866).

SALVIATO F. (2010), *Ho sognato una banca. Dieci anni sulla strada di Banca etica*, Feltrinelli, Milano.

SAPELLI G. (a cura di) (1981), *Il movimento cooperativo in Italia. Storia e problemi*, Einaudi, Torino.

ID. (1998), *La cooperazione: impresa e movimento sociale*, Edizioni Lavoro, Roma.

ID. (2008), *L'impresa per la giustizia sociale: storia della CMB, Cooperativa Muratori e Braccianti di Carpi*, Bruno Mondadori, Milano.

SCARPELLINI E. (2007), *La spesa è uguale per tutti. L'avventura dei supermercati in Italia*, Marsilio, Venezia.

EAD. (2008), *L'Italia dei consumi: dalla Belle Époque al nuovo millennio*, Laterza, Roma-Bari.

SCHULZE-DELITZSCH H. (1871), *Delle unioni di credito ossia delle banche popolari*, Visentini, Venezia (ed. or. Leipzig 1855).

STEFANINI P. (2008), *Le sfide della cooperazione. Una discussione con Walter Dondi*, Donzelli, Roma.

TOPHAM E., HOUGH J. A. (1949), *Il movimento cooperativo in Gran Bretagna*, La Rivista della cooperazione, Roma.

VIGANÒ E. (2008), *Che cos'è il commercio equo e solidale*, Carocci, Roma.

VIGANÒ E., GLORIO M., VILLA A. (2008), *Tutti i numeri dell'equo. Il Commercio equo e solidale in Italia*, Edizioni dell'asino, Roma.

WEISBROD B. A. (1975), *Toward a Theory of the Voluntary Nonprofit Sector in a Three-Sector Economy*, in E. S. Phelps (ed.), *Altruism, Morality, and Economic Theory*, Russell Sage Foundation, New York.

CIUFFOLETTI Z. (1981), *Dirigenti e ideologie del movimento cooperativo*, in Sapelli (1981), pp. 89-189.

COASE R. H. (1937), *The Nature of the Firm*, in "Economica", 4, pp. 386-405.

ID. (2006), *Impresa, mercato e diritto*, il Mulino, Bologna.

DAVID P. (1985), *Clio and the Economics of QWERTY*, in "American Economic Review", 75, 2, pp. 332-7.

DE BONIS R., MANZONE B., TRENTO S. (1994), *La proprietà cooperativa: teoria, storia e il caso delle banche popolari*, in "Temi di Discussione. Servizio Studi della Banca d'Italia", 238, pp. 7-98.

DEGL'INNOCENTI M. (1981), *Geografia e strutture della cooperazione in Italia*, in Sapelli (1981), pp. 3-87.

DEMSETZ H. (1997), *The Firm in Economic Theory: A Quiet Revolution*, in "American Economic Review", 87, 2, pp. 426-9.

DI VICO D. (2010a), *Piccoli. La pancia del Paese*, Marsilio, Venezia.

ID. (2010b), *La lenta svolta delle Coop rosse. Dopo la crisi, pensano a far lobby*, in "Corriere della Sera", 6 luglio.

FEHR E., SCHMIDT K. (2001), *Theories of Fairness and Reciprocity: Evidence and Economic Applications*, Working Paper n. 75, Institute for Empirical Research in Economics, University of Zurich, Zurich.

FORNASARI M., ZAMAGNI V. (1997), *Il movimento cooperativo in Italia. Un profilo storico-economico (1854-1992)*, Vallecchi, Firenze.

FREY B. S. (1997), *Not just for the Money: An Economics Theory of Personal Motivation*, Elgar, Cheltenham.

GRANATA M. (2005), *Impresa cooperativa e politica. La duplice natura del conflitto*, Bruno Mondadori, Milano.

ID. (2010), *Sinistra e mercato. Un matrimonio difficile ma necessario*, Aliberti, Roma.

GUADAGNUCCI L., GAVELLI F. (2004), *La crisi di crescita. Le prospettive del commercio equo e solidale*, Feltrinelli, Milano.

HANSMANN H. (1996), *The Ownership of Enterprise*, Belknap Press of Harvard University Press, Cambridge (MA).

HOLYOAKE G. J. (1995), *La storia dei probi pionieri di Rochdale*, La Rivista della cooperazione, Roma.

IANES A. (2009), *La cooperazione sociale come storia d'impresa*, in "Imprese e Storia", 37, pp. 85-130.

IANES A., TORTIA E. (2010), *Creativity and Institution Building: The Case of Italian Social Cooperatives*, in S. Sacchetti, R. Sugden (eds.), *Knowledge in the Development of Economies: Institutional Choices under Globalisation*, Elgar, Cheltenham, pp. 158-80.

LATOUCHE S. (2007), *La scommessa della decrescita*, Feltrinelli, Milano.

ID. (2008), *Breve trattato sulla decrescita serena*, Bollati Boringhieri, Torino.

Analysis, in Idd. (eds.), *Economics, Values and Organization*, Cambridge University Press, Cambridge (MA), pp. 3-72.

BOBBIO N. (2004), *Destra e sinistra. Ragioni e significati di una distinzione politica*, Donzelli, Roma.

BONFANTE G. (1981), *La legislazione cooperativistica in Italia dall'Unità a oggi*, in Sapelli (1981), pp. 191-252.

BORZAGA C., DEPEDRI S., BODINI E. (2010), *Cooperatives: The Italian Experience*, EURICSE Working Papers, n. 001-10.

BORZAGA C., DEPEDRI S., TORTIA E. (2009), *The Role of Cooperative and Social Enterprises: A MultiFaceted Approach for an Economic Pluralism*, EURICSE Working Papers, n. 000-09.

BORZAGA C., FAILONI G. (1990), *La cooperazione di solidarietà sociale in Italia*, in "Cooperazione di Credito", 128, aprile-giugno, pp. 273-97.

BORZAGA C., IANES A. (2006), *L'economia della solidarietà. Storia e prospettive della cooperazione sociale*, Donzelli, Roma.

BORZAGA C., MITTONE L. (1997), *The Multi-Stakeholders versus the Nonprofit Organisation*, Working Paper n. 7, Dipartimento di Economia, Università di Trento, Trento.

BORZAGA C., TORTIA E. (2005), *Dalla cooperazione mutualistica alla cooperazione per la produzione di beni di interesse collettivo*, in E. Mazzoli, S. Zamagni (a cura di), *Verso una nuova teoria economica della cooperazione*, il Mulino, Bologna, pp. 249-54.

BRUNI L., ZAMAGNI S. (2004), *Economia civile. Efficienza, equità, felicità pubblica*, il Mulino, Bologna.

IDD. (a cura di) (2009), *Dizionario di economia civile*, Città Nuova, Roma.

CAFARO P. (2001), *La solidarietà efficiente. Storia e prospettive del credito cooperativo in Italia 1883-2000*, Laterza, Roma-Bari.

ID. (2008), *"Una cosa sola". La Confcooperative nel secondo dopoguerra: cenni di storia (1945-1991)*, il Mulino, Bologna.

CAPROTTI B. (2007), *Falce e carrello: le mani sulla spesa degli italiani*, Marsilio, Venezia.

CHANDLER A. D. JR. (1992), *Organizational Capabilities and the Economic History of the Industrial Enterprise*, in "Journal of Economic Perspectives", 6, 3, pp. 79-100.

ID. (1999), *Che cos'è l'impresa? Una prospettiva storica*, in F. Amatori, P. A. Toninelli (a cura di), *Una introduzione alla storia d'impresa. Storici ed economisti a confronto*, Egea, Milano, pp. 277-87.

CHANDLER A. D., HIKINO T. (1999), *Il contributo della grande impresa alla crescita dell'economia moderna*, in A. D. Chandler Jr., F. Amatori, T. Hikino (a cura di), *Grande impresa e ricchezza delle nazioni 1880-1990*, il Mulino, Bologna, pp. 33-66.

参考文献

以下に掲げる参考文献および論文は、著者が付した「注釈」（訳文中には〔原注〕と記されている）の一覧である。第八章は著者が本邦訳書のために書き上げたものであるため、第八章の「原注」および「訳注」は章の末尾にかかげられており、この「一覧」には含まれていないものと重複するものがある。（訳者）

ALLEANZA COOPERATIVA INTERNAZIONALE (1995), *Dichiarazione internazionale di identità cooperativa*, in http://www.modena.legacoop.it/updown/storia/storia-08.pdf.

BARBERINI I. (2009), *Come vola il calabrone: cooperazione, etica e sviluppo*, Baldini Castoldi Dalai, Milano.

BASEVI A. (1954), *La legge sulla cooperazione e la sua applicazione (D.L.C.P.S. 14 dicembre 1947, n. 1577)*, La Rivista della cooperazione, Roma.

ID. (1995), *Prefazione*, in Holyoake (1995), pp. 9-33.

BASSI A. (1995), *Le società cooperative*, UTET, Torino.

BATTILANI P. (2005), *I mille volti della cooperazione italiana: obiettivi e risultati di una nuova forma di impresa dalle origini alla seconda guerra mondiale*, in E. Mazzoli, S. Zamagni (a cura di), *Verso una nuova teoria economica della cooperazione*, il Mulino, Bologna, pp. 97-139.

EAD. (a cura di) (2009a), *L'impresa cooperativa in Italia (1945-2009)*, in "Imprese e Storia", 37.

EAD. (2009b), *Da istituzione marginale a fattore di modernizzazione economica: l'impresa cooperativa in Italia nella seconda metà del Novecento*, in "Imprese e Storia", 37, pp. 9-57.

BATTILANI P., BERTAGNONI G. (a cura di) (2007), *Competizione e valorizzazione del lavoro. La rete cooperativa del consorzio nazionale servizi*, il Mulino, Bologna.

BECCHETTI L. (2007), *Il denaro fa la felicità?*, Laterza, Roma-Bari.

BECCHETTI L., DI SISTO M., ZORATTI A. (2008), *Il voto nel portafoglio. Cambiare consumo e risparmio per cambiare l'economia*, il Margine, Trento.

BEN-NER A., PUTTERMAN L. (1999), *Values and Institutions in Economic*

訳者あとがき

(1)　本書はイタリアで二〇一一年に刊行された《Alberto Ianes, *Le cooperative.* Carocci editore, Roma 2011.》（アルベルト・イァーネス著『協同組合』、カロッチ書店刊、二〇一一年）を底本として著者が内容を加筆・修正したものの翻訳である。したがって、著者と訳者の協議により、いくつかの部分に底本と異なる叙述を加え、また大幅に削除した部分もある。最新の資料（第八章）も新たに加えた。したがって、底本カロッチ書店版の忠実な翻訳ではない。

本書は、一読して明白と思われるが、イタリアで協同組合に関心をもつ人びとを対象に書かれた協同組合入門書である。入門書であるがゆえに日本の協同組合関係者にとっては、冗長な初歩的論述が多々見られ、蛇足に類する説明が重ねられている面がある一方で、イタリアの読者を対象とするため、当然のことながら日本の読者には親切な論述の展開となっていない。イタリア人にとって馴染みのある言葉や固有名詞も日本の読者にとっては疎遠なものが多い。日本の読者の解読に資するよう、訳者の判断において随所に「訳注」を付したのはそのためである。煩わしい訳注が読者の思考の妨げとなることを恐れるが、少しでも読者の助けになれば幸いである。

(2)　著者アルベルト・イァーネス氏は、一九七五年に生まれ、トレント大学で経済学を修めたのち、ミラノ大学で経営学、企業史等の博士課程を修了し、現在は「トレント県 歴史博物館財団」付属「協同組合経済史センター」（本書「はじめに」の訳注21および訳注22参照）の研究員を務めている。

トレント市（本書「はじめに」訳注10参照）は規模としては大きな都市ではないが、トレント大学（本書「はじめに」訳注20参照）はここ三十年来の協同組合研究の分野で、ボローニャ大学とならんでめざましい成果を発信している研究機関のひとつである。トレント大学における協同組合・社会的企業研究の主導者の一人は、わが国でも「エメス」（「エメス調査ネットワーク」le Réseau Européen EMES）の主唱者として知られるボルザーガ教授である（C・ボルザガ、J・ドゥフルニ編、内山哲朗・石塚秀雄・柳沢敏勝 訳『社会的企業　雇用・福祉のEUサードセクター』、日本経済評論社、二〇〇四年、参照）。本書の著者イァーネス氏は、そうした恵まれた学問的環境のなかで協同組合研究にいそしんだ俊英である。彼は二〇〇六年にボルザーガ教授と共同して、社会協同組合の歴史と現状を扱った労作『連帯経済』（Carlo Borzaga, Alberto Ianes, *L'economia della solidarietà*. Donzelli Editore, Roma 2006）を著しており、社会的経済、協同組合、社会的企業等の研究分野においてすでに第一線に立っている気鋭の研究者である。

(3)　本書の中では「トレント」（地方、県、市）という地域にかかる論述がしばしば現われる。これは、本書で触れられる協同組合統計からも明らかなように、トレント県はエミリア・ロマーニャ州とならんで歴史的にもっとも協同組合が根づいている地域のひとつだという事実の反映であろうが、何よりもまず著者がその地で成長し勉学に励んだことに起因しているのであろう。特定の地域の事例に傾いている論述が全体として何らかの偏重をきたしているかどうか、読者の審判を願うものである。

一般的に入門書や概説書は大局的見地から論題の全体像を提供することが大切と思われる。しかしどの研究分野にも共通することであろうが、ある分野の個別研究には比較的容易にとりくむことができようが、分野全体の包括的問題を正確に語ることは至難の業である。

本書でも引用されているが、協同組合、社会的経済の分野での泰斗ザマーニ夫妻（共にボローニャ大学教授）の手になる『協同主義事業』（Stefano ZAMAGNI – Vera ZAMAGNI, *La cooperazione*. Il Mulino, Bologna 2008）が二〇〇八年に刊行されて、有益な書として初学者に広く受け入れられている。これはまさに大家による価値ある入門書の典型といえよう。

気鋭の研究者イァーネス氏が大家に倣ってほぼ同じテーマの入門書の執筆に踏み切ったことは、ある意味では無謀な試みとも見えたが、本書を一読して判明するように、イァーネス氏は大家の手本に学びながらいくつかの独自性を打ち出して成功をおさめたといえよう。

(4) イタリアにおける協同組合史のなかでもっとも画期的な現象の一つは、「社会協同組合」(**cooperativa sociale**) の形成・発展であろう。社会協同組合の特色やその意義については、本書でも随所で言及されており、特に第五章第一節において論じられているが、その現象の重要性から見て、また訳者の勝手な思いからすれば、本書での論述は簡易に過ぎているように思われる。

しかし本書の全体の分量を考えれば、社会協同組合に多くの紙幅を割くのはむずかしい選択であったであろう。さらに著者イァーネスにとっては、「社会協同組合」というテーマは、二〇〇六年に上梓した前述のボルザーガ教授との共著『連帯経済』（Carlo Borzaga,Alberto Ianes, L'economia della solidarietà. Donzelli Editore, Roma 2006）のなかで論じきったものであり、重複は避けたかったのではなかったかと推測できる。

「社会協同組合」は「社会的企業」の先駆例・成功例として国際的に広く注目されており、わが国でも民主党政権下の「〝新しい公共〟推進会議」での「内閣府 政策統括官（経済社会システム担当）委託調査」のなかで取り上げられるまでにいたっている（http://www5.cao.go.jp/npc/pdf/syakaiteki-kaigai.pdf 参照）。社会協同組合に関する調査・研究は数多く入手可能であるので、関心の向きは別途参照していただきたい。

(5) 本書の特色の一つは、イタリアの初学者のために詳細な必読論文・文献を付したことであり、これはとくに学生にとって有益なものとなっているようである。本邦訳書には、著者が掲げた参考文献の半分ほどを巻末に収録した。読者にとっても何らかの参考になるのではないかと思う。

イァーネス氏の著作のもう一つの特色は、彼がカトリック協同組合の伝統が濃厚な環境のなかで成長し研究に取り組んだこともあって、カトリック社会派ともいうべき立場をとっていることであろう。わが国でのこれまでのイタリア協同組合紹介の論文・文献が主として「レーガコープ」に焦点をあてたものであったことからすれば、本書は従来のイタリア協同組合紹介とはやや異なる視角のものといえよう（従来の邦訳本に限ってみれば、オネリオ・プランディーニ著、菅野正純訳『協同組合論――イタリアの戦略』、芽ばえ社、一九八五年／ジョン・アール著、川口清史・佐藤誠訳『イタリア協同組合物語』、リベルタ出版、一九九二年／ピエーロ・アンミラート著、中川雄一郎・堀越芳昭・相馬健次訳『イタリア協同組合レガの挑戦』、家の光協会、二〇〇三年、等をあげることができるが、どれも参照に値する有益な文献である）。

本書の第三の特色は――彼自身の功績に帰することではないが――イタリア協同組合に関する統計的資料の不足、困難性を指摘していることであろう。門外漢から見れば、イタリア協同組合に関する統計は豊富に見えたが、細部を検討すれば多くの不備が指摘されているようであり、今後、この面での研究も深化が期待されるところである。本書は、現時点での最も新しい統計の一部を紹介している。

本書を一読した日本の読者は、イタリアの協同組合についてその基本的な知識、その概要を手にすることができたのではないかと想像する。読者の評価を知ることができれば幸いである。いずれにしても、著者の論述、立場についての評価は読者各位に委ねられるものである。ここでは、一読者としての訳者の愚見を記したにすぎない。

(6) 著者イァーネス氏が述べているように、本書の底本は二〇一二年の「国際協同組合年」に合わせて執筆された。訳者もこれを考慮して二〇一二年中に邦訳が出版されるよう準備にとりかかったが、非才のうえに遅筆がたたり、時間不足もあって遅々として作業はすすまず、いくたびか途中放棄を重ねたが、著者に叱咤激励されてなんとか訳文が日の目を見るにいたった。本書の内容が古びてしまったわけではないが、国際協同組合年終幕から一年以上経過した訳業の遅鈍を恥入るばかりである。

邦訳が刊行に至ったのは、緑風出版の高須次郎氏ならびに高須ますみ氏の寛大なるご配慮のお蔭である。拙い訳文を修正し編集してくださったのは斉藤あかね氏である。記して御礼申し上げる次第である。

協同組合研究には門外漢の訳者が曲がりなりにも本書を仕上げる知識を得たのは、偏に生活クラブ生活協同組合の援助によるものである。本書を生活クラブ生活協同組合のすべての組合員に捧げ、感謝のしるしとしたい。

二〇一四年三月二十日

訳者

[著者略歴]

アルベルト・イァーネス（Alberto Ianes）

1975年生まれ。トレント大学卒業、ミラノ大学大学院博士課程修了。現在、「トレント県歴史博物館財団」付属「協同組合経済史センター」研究員。

主な著書に、La cooperazione trentina dal secondo dopoguerra alle soglie del terzo millennio. Edizioni 31, 2003: . L'economia della solidarietà. Storia e prospettive della cooperazione sociale. Donzelli 2006（C.Borzagaとの共著）: Introduzione alla storia della cooperazione in Italia (1854-2011). Rubbettino, 2013. がある。

[訳者略歴]

佐藤紘毅（さとうひろき）

1943年生まれ。現在、市民セクター政策機構主任研究員。

主な訳書に、ロイ・メドヴェージェフ著『ソ連における少数意見』（岩波書店、1978年）、メアリ・メロー他著『ワーカーズ・コレクティブ』（緑風出版、1992年、共訳）等、主な論文に「イタリアの地方自治制度」（1997年）、「イタリアのレフェレンダム制度とその諸問題」（1998年）等、編著に『社会的に不利な立場の人々とB型社会協同組合』（2004年）等がある。

イタリアの協同組合《きょうどうくみあい》

2014年5月7日　初版第1刷発行　　定価2200円＋税

著　者　アルベルト・イァーネス
訳　者　佐藤紘毅
発行者　高須次郎
発行所　緑風出版 ©
〒113-0033　東京都文京区本郷2-17-5　ツイン壱岐坂
[電話] 03-3812-9420　[FAX] 03-3812-7262　[郵便振替] 00100-9-30776
[E-mail] info@ryokufu.com　[URL] http://www.ryokufu.com/

装　幀　斎藤あかね
制　作　R 企 画　　印　刷　中央精版印刷・巣鴨美術印刷
製　本　中央精版印刷　　用　紙　中央精版印刷・大宝紙業　　E1000

Printed in Japan　　ISBN978-4-8461-1330-8　C0031

◎緑風出版の本

■全国どの書店でもご購入いただけます。
■店頭にない場合は、なるべく書店を通じてご注文ください。
■表示価格には消費税が加算されます。

ワーカーズ・コレクティブ

その理論と実践

メアリー・メロー／ジャネット・ハナ／ジョン・スターリング著 佐藤紘毅／白井和宏訳

四六判上製 三八四頁 3200円

労働者協同組合＝ワーカーズ・コレクティブ運動は、資本の論理に対抗し、労働と生活の質を変える社会運動として注目されている。本書は、ワーカーズ・コレクティブ運動の歴史と現状、理論と実践の課題をまとめたもの。

未来は緑 ドイツ緑の党新綱領

同盟90／ドイツ緑の党著／今本秀爾監訳

四六判上製 二九六頁 2500円

本書は、「ベルリン新綱領」の全訳である。21世紀のための持続可能な発展のモデル／プランが、体系的に環境、社会、経済の各分野に展開されている。政権参加の経験を基に、理解しやすく易しく書かれている未来の政策集。

緑の政策事典

フランス緑の党著／真下俊樹訳

A5判並製 三〇四頁 2500円

開発と自然破壊、自動車・道路公害と都市環境、原発・エネルギー問題、失業と労働問題など高度工業化社会を乗り越えるオルターナティブな政策を打ち出し、既成左翼と連立して政権についたフランス緑の党の最新政策集。

緑の政策宣言

フランス緑の党著／若森章孝・若森文子訳

四六判上製 二八四頁 2400円

フランスの政治、経済、社会、文化、環境保全などの在り方を、より公平で民主的で持続可能な方向に導いていくための指針が、具体的に述べられている。今後日本のあるべき姿や政策を考える上で、極めて重要な示唆を含んでいる。